fir+iaw

Forschung für die Praxis • Band 38

Berichte aus dem
Forschungsinstitut für Rationalisierung (FIR)
und dem Lehrstuhl und Institut
für Arbeitswissenschaft (IAW)
der Rheinisch-Westfälischen
Technischen Hochschule Aachen

Herausgeber:
Univ.-Prof. em. Dr.-Ing. R. Hackstein

B. Sent

Personalbedarfsplanung

Anlagenorientierte Personalbedarfsplanung für kontinuierliche Fertigungsprozesse

Mit 101 Abbildungen

Springer-Verlag
Berlin Heidelberg GmbH

Dipl.-Ing. Bernd Sent

Wissenschaftlicher Mitarbeiter im Forschungsinstitut für Rationalisierung an der Rheinisch-Westfälischen Technischen Hochschule Aachen

Univ.-Prof. em. Dr.-Ing. Rolf Hackstein

Bis zu seiner Emeritierung am 30.6.90 Inhaber des Lehrstuhls und Direktor des Instituts für Arbeitswissenschaft, Direktor des Forschungsinstituts für Rationalisierung an der Rheinisch-Westfälischen Technischen Hochschule Aachen

D 82 (Diss. TH Aachen)

Entwicklung einer Vorgehensweise zur anlagenorientierten Personalbedarfsplanung für kontinuierliche Fertigungsprozesse

ISBN 978-3-540-54116-5 ISBN 978-3-662-12674-5 (eBook)
DOI 10.1007/978-3-662-12674-5

Ursprünglich erschienen bei Springer-Verlag Berlin, Heidelberg, New York 1991

Gesamtherstellung:
Becker-Kuns · Druck + Verlag GmbH · Peliserkerstr. 86 · 5100 Aachen · Tel. 0241 / 153767
2160 / 3020-543210

Vorwort des Herausgebers

Die Mechanisierung und Automatisierung der industriellen Produktion hat in den vergangenen Jahren weiter ständig zugenommen. Begriffe wie "Flexible Fertigungssysteme", "Robotereinsatz" oder "CNC-Maschinen" sind einige Deskriptoren dieser Entwicklung. Mit steigender Komplexität der eingesetzten Anlagen, Maschinen und Verfahren erhöhen sich auch die Anforderungen an die Organisation des Zusammenwirkens von Mensch, Betriebsmittel und Material. Die Beherrschung und Verbesserung dieser Ablauforganisation wird mehr und mehr zum entscheidenden Faktor für einen erfolgreichen Einsatz moderner Produktionstechnologien.

Die Ablauforganisation in den Fabriken der Zukunft wird vom Einsatz der Informationstechnik geprägt sein. Einen der Anwendungsschwerpunkte der Informationstechnik in der Ablauforganisation von Produktionsbetriebe bildet der Einsatz von Informationssystemen für die Planung und Steuerung von Produktionsabläufen einschließlich des Transportes und der Lagerung.

Der Erfolg solcher Informationssysteme ist in besonderem Maße davon abhängig, wie gut es gelingt, bei der Entwicklung und beim Einsatz der Systeme gleichermaßen sowohl die technisch-organisatorischen als auch die humanen (arbeitswissenschaftlichen) Aspekte zu berücksichtigen. Während sich die technologische Entwicklung nämlich auf dem Hardware-Sektor äußerst rasant vollzieht, ist zu beobachten, daß zwischen der durch die Hardware gebotenen Möglichkeiten und der durch entsprechende Methoden und Programme (Software) realisierten Anwendungen eine immer größere Lücke entsteht, die als "Software-Lücke" bezeichnet wird.

Erfolge beim betrieblichen Einsatz können weiterhin aber auch nur dann erreicht werden, wenn der Mensch die oben genannten Informationssysteme akzeptiert. Das aber gelingt nur, wenn der Mensch die sich ergebenden Veränderungen positiv bewältigen kann. Da bisher zu wenig Beweglichkeit, Einfallsreichtum und Flexibilität bei der Entwicklung neuer Bedingungen für die Gestaltung der Arbeitszeit, des Arbeitsplatzes, des Arbeitskräfteeinsatzes, der Arbeitsorganisation und ähnlichem festzustellen ist, zeigt sich hier eine zweite, immer größer werdende Lücke, die vielfach als "Akzeptanzlücke" bezeichnet wird und die in ihren negativen Auswirkungen der "Software-Lücke" sicherlich nicht nachsteht.

Darüber hinaus ist es heute im Hinblick auf die Wirtschaftlichkeit von Neuen Technologien noch allzu häufig üblich, daß man unter der Forderung nach "geringeren Kosten" vorzugsweise "geringere Produktionskosten" und unter "höherer Leistung" vorzugsweise "höhere menschliche Anstrengung" versteht. Es erhebt sich aber vor dem Hintergrund der Massenarbeitslosigkeit die Frage, inwieweit man heute Neue Technologien als Ersatz für Alte Technologien vorzugsweise durch Reduzierung der Personalkosten anstreben muß und man höhere Leistung vorzugsweise nur durch Erhöhung der menschlichen Anstrengung erreichen kann.

Industrielle Führungskräfte sollen hingegen wissen, daß gerade die mit dem Begriff des Computers verbundenen Neuen Technologien so gestaltbar sind, daß dem Menschen nicht höhere Anstrengungen zugemutet wird, sondern der Computer die Arbeit des Menschen so unterstützen kann, daß das Leistungsergebnis - und darauf kommt es ja an - verbessert wird. Es ist folglich zu prüfen, welche Neuen Technologien geeignet sind, sowohl die Wirtschaftlichkeit zu steigern, als auch den Personalfreisetzungseffekt zu vermeiden.

Die Arbeiten der beiden vom Herausgeber bis 1990 geleiteten Institute, des Forschungsinstitutes für Rationalisierung (FIR) an der RWTH Aachen und des Lehrstuhls und Institutes für Arbeitswissenschaft (IAW) der RWTH Aachen, sind vor diesem Hintergrund darauf gerichtet, Beiträge zur Schließung der angezeigten Lücken und zur Realisierung der genannten Forderungen zu leisten. Zur Umsetzung gewonnener Erkenntnisse wird die Schriftenreihe "FIR-IAW-Forschung für die Praxis" herausgegeben. Der vorliegende Band setzt diese Reihe fort. Die bisher erschienenen Titel sind am Schluß dieses Bandes aufgeführt.

Dem Verfasser danke ich für die geleistete Arbeit, dem Verlag für die Aufnahme dieser Schriftenreihe in sein Programm und allen anderen Beteiligten für ihren Beitrag zum Gelingen des Bandes.

Rolf Hackstein

Inhaltsverzeichnis

Seite

Seite

1. Einleitung und Zielsetzung

Während die technischen Investitionen zur Mechanisierung im wesentlichen zu einer Entlastung des Menschen von schwerer körperlicher Tätigkeit führten, kam es durch Automatisierungsbestrebungen zu einer Reduzierung von Routinetätigkeiten im Fertigungsprozeß. Dabei wird unter Mechanisierung die Übertragung menschlicher Arbeitsprozesse auf Betriebsmittel verstanden, wobei die erforderlichen Steuerungsfunktionen weiterhin durch den Menschen wahrgenommen werden. Bei der Automatisierung technischer Prozesse werden auch Steuerungsaufgaben auf das Betriebsmittel übertragen (KERN 1980, S. 93 u. S. 183 f). Dabei werden sowohl Mechanisierung als auch Automatisierung als Wege der Rationalisierung verstanden (KETTING u.a. 1988, S. 303).

Insbesondere bei kontinuierlichen Fertigungsprozessen sind durch Mechanisierung- und Automatisierungsschritte immer wieder neue Rationalisierungspotentiale erschlossen worden (GUTENBERG 1976, S. 107). Folglich sind mit kontinuierlichen Fertigungsprozessen immer hohe Mechanisierungs- und Automatisierungsgrade verbunden. Die realisierten Maßnahmen ermöglichten deutliche Produktivitätssteigerungen der menschlichen Arbeitskraft und führten letztlich auch zu einer humaneren Gestaltung des Arbeitsplatzes. In diesem Zusammenhang spricht BRESSER (1985, S. 2) von einer Verzehnfachung der Arbeitsproduktivität. Gemessen wird dies an der Produktivität in der Fertigung zu Beginn des neunzehnten Jahrhunderts (OFFICE MANAGEMENT 1985, S. 30).

Besonders eindrucksvoll zeigen sich Produktivitätssteigerungen im Bereich der Textilindustrie. Am Beispiel der Fertigungsverfahren "Spinnen" und "Weben" ist in Abbildung 1.1 der drastische Rückgang des Arbeitsaufwandes für die Fertigung von 1 kp Garn bzw. 100 m Gewebe dargestellt. Während auf einem Handwebstuhl 100 m Gewebe in ca. 250 Arbeitsstunden gefertigt werden, benötigt man für die gleiche Menge Gewebe auf einem mechanischen Webstuhl nur noch 70 Ar-

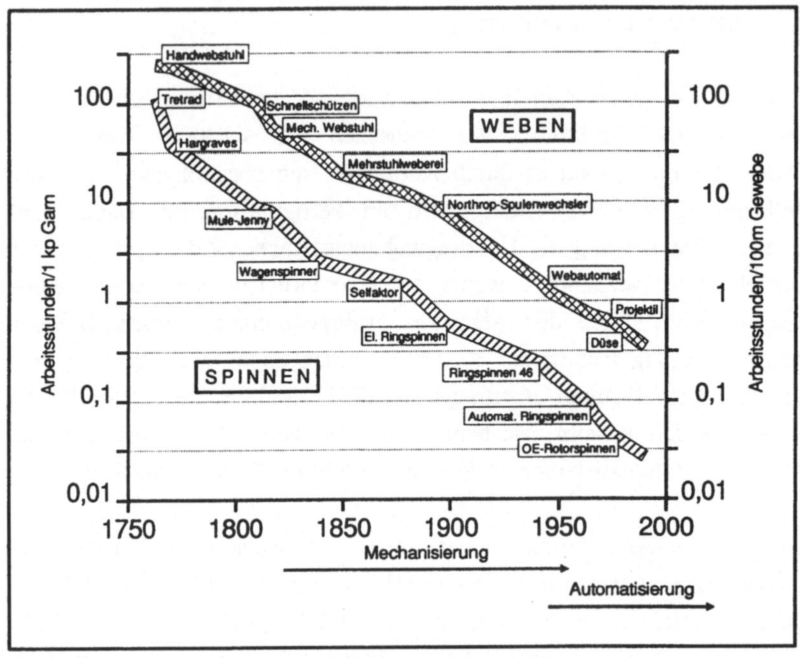

Abb. 1.1: Entwicklung des Arbeitsaufwandes beim Spinnen und Weben (Quelle: BOHNSACK 1981, S. 235)

beitsstunden. Eine weitere Reduzierung auf 1,2 Arbeitsstunden für 100 m Gewebe ermöglicht der Einsatz eines Webautomaten (BOHNSACK 1981, S.233 ff).

Mit dieser konsequenten Rationalisierung von kontinuierlichen Fertigungsprozessen ist eine deutliche Veränderung der Arbeitsplatzstrukturen verbunden. Diese Entwicklungen finden ihren Niederschlag in (EVERSHEIM Band 4 1989, S. 52):

- Entkopplung von Produktionszeit und Anwesenheitszeit der Mitarbeiter,
- Entkopplung von Personal und Betriebsmittel durch Mehrstellenarbeit und

- Zunahme von Überwachungs-, Steuerungs- und Instandhaltungstätigkeiten.

Durch diese Entwicklungstendenzen nehmen Arbeitsplätze in den direkten Produktionsbereichen (Teilefertigung und Montage) zunehmend den Charakter von Arbeitsplätzen in den indirekten Produktionsbereichen (z.B. Instandhaltung oder Qualitätssicherung) an.

Da bei kontinuierlichen Fertigungsprozessen die Personalkosten im Verhältnis zu den übrigen Kostenarten eine tendenziell abnehmende Bedeutung aufweisen, ist ein Verfahren zur Planung des Personalbedarfs, das mit relativ geringem Aufwand durchgeführt werden kann, anzustreben (DRUMM u.a. 1988, S. 112). Wegen der aufgezeigten Veränderung der Arbeitsplatzstrukturen bietet sich eine Kopplung von bekannten Verfahren aus den direkten Bereichen und neu entwickelten Verfahren zur Personalbedarfsplanung in indirekten Bereichen an. Diese beiden Faktoren rücken die Personalplanung und damit die Personalbedarfsplanung wieder in den Vordergrund von unternehmerischen Planungsfunktionen (MAG 1985, S. 12). Bei der Entwicklung eines geeigneten Verfahrens sind insbesondere die folgenden von DRUMM u.a. (1988, S. 10) formulierten Hypothesen, die zu einer unzureichende Akzeptanz existierender Methoden zur quanitativen Personalbedarfsplanung führen, zu berücksichtigen:

- Nichtverfügbarkeit der planungs- und entscheidungsrelevanten Informationen und
- hohe Kosten für die Entwicklung, Implementation und Einsatz quantitativer Planungsmethoden.

Unter Beachtung dieser Defizite bietet sich für Arbeitsplätze an Anlagen mit hoher Limitationalität zwischen den Produktionsfaktoren Betriebsmittel und Personal die Ableitung des Personalbedarfs aggregatbezogen auf der Basis des Betriebsmittelbestandes an (HENTZE 1977, S. 143; DOMSCH 1970, S. 22). Neben dem reinen Betriebsmittelbestand sind weitere Einflußgrößen, die beispielsweise Mengen und Qualität des zu fertigenden Produktes widerspiegeln, in die Berechnung mit einzubeziehen (FUCHS 1974, S. 81).

Nach KAHLE (1980, S. 21) ist in diesem Zusammenhang die lineare Limitationalität von der nicht linearen Limitationalität zu unterscheiden. Bei der linearen Limitationalität steht die Steigerung der Produktmenge in einem konstanten Verhältnis zur Erhöhung des Personaleinsatzes. Im Rahmen dieser Arbeit wird ein Konzept zur Bedarfsplanung für das operativ tätige Personal auf der Basis unterschiedlicher anlagenorientierter und fertigungsprozeßbeschreibender Parameter entwickelt. Dabei werden schwerpunktmäßig die nicht linearen Limitationalitätsfunktionen in den Vordergrund der Betrachtung treten, da diese Funktionen praxisnahe Zustandsbeschreibungen erlauben. Demgegenüber setzen lineare Funktionen erhebliche Beschränkungen des Untersuchungsfeldes voraus.

Der damit verfolgte anlagenorientierte Ansatz weist gerade bei komplexen Tätigkeitsstrukturen der kontinuierlichen Fertigungsprozesse wesentliche Vorzüge hinsichtlich Effizienz und Praktikabilität gegenüber einem tätigkeitsorientierten Ansatz auf. Zur Ermittlung der für den Personalbedarf relevanten Parameter und der notwendigen funktionalen Zusammenhänge werden auf der Basis einer situativen Datenerhebung bekannte mathematisch-statistische Verfahren zur Anwendung kommen.

Da diese Planungsgrößen teilweise schon bei der Dimensionierung der Anlage durch den Anlagenhersteller bekannt sind, kann auf der Basis dieser Größen der zu erwartende Personalkostenblock schon vor der Inbetriebnahme der Anlage prognostiziert werden. Damit kann schon im Rahmen der technischen Planung mit der Akquisition des erforderlichen Personals begonnen werden (STRUTZ 1976, S. 31). Während der Planungsphase muß die Betrachtung des Personalbedarfs auf einen pauschalen Ansatz begrenzt bleiben. Demgegenüber kann ein detaillierter Bedarf während der Betriebsphase durch die Anwendung von erhobenen Ist-Daten zu einer detaillierteren Betrachtung führen.

In diesem Zusammenhang ist zu beachten, daß mit dem entwickelten Verfahren Planzahlen für den Personalbedarf bereitgestellt werden können, deren Größenordnung einen globalen Vergleich mit anderen Anlagen ähnlicher Strukurierung erlaubt. Die Interpretation dieser Daten ist immer unter besonderer Berücksichtigung der gesondert darzustellenden Randbedingungen (z.B. statistische Sicherheit) durchzuführen. Dabei ist weiterhin zu bedenken, daß das ermittelte Ergebnis eine erste Orientierung darstellt. Die Erschließung konkreter Rationalisierungspotentiale zur Optimierung der Ablauforganisation muß mit anderen Verfahren erarbeitet werden. Diese Verfahren sind jedoch nicht Gegenstand der vorliegenden Arbeit.

2. Stand der Forschung und Begriffsdefinitionen

2.1 Die Personalplanung als Teilbereich des Personalwesens

Der Personalplanung wird im Schrifttum im allgemeinen ein weit gefaßter Begriff zugrunde gelegt. REFA betrachtet die Personalplanung neben der Personalsteuerung als Teilaufgabe der Personalorganisation. Aufgabe der Personalplanung und Personalsteuerung ist es, "... die zur Durchführung von Arbeitsaufgaben benötigten Menschen in der erforderlichen Qualifikation und Anzahl rechtzeitig und am richtigen Ort zur Verfügung zu stellen (REFA MLPS Teil 2 1985, S. 237; WALKER (1968, S. 40); WAECHTER (1974, S. 19)."

Die Bedeutung der Personalplanung ist heute allgemein erkannt (WAGNER 1981, S. 2) und drückt sich aus in der Stellung der Personalplanung im Rahmen der Unternehmensplanung (MAG 1985, S. 13 ff). Als Teil der Unternehmensplanung entfaltet die Personalplanung wie jede andere Teilplanung nur dann ihre optimale Wirkung, wenn "... sie im Rahmen der unternehmerischen Gesamtplanung gesehen und in diesen Planungszusammenhang integriert wird. Als gleichwertiger Teilplan hat die Personalplanung selbst Einfluß auf den Investitions-, den Produktions- , den Absatz-, den Kosten- und den Ergebnisplan" (DGFP 1979, S. 2). Im Vergleich zu anderen Unternehmensplanungen hat die Personalplanung jedoch eine eher geringe Bedeutung. Nach einer Umfrage, die in HENTZE (1977, S. 95) publiziert ist, folgt die Bedeutung der Personalplanung mit 42,1% der Investitionsplanung (61,7%), der Produktionsplanung (50,2%) und der Absatzplanung (49,8%).

Im folgenden werden basierend auf einer Literaturstudie einige Themenkomplexe, in denen die Personalplanung ausführlich dargestellt wird, kurz skizziert. Diese Wiedergabe liefert wesentliche Erkenntnisse aus zukunftsträchtigen Vorgehensweisen, die bei der Konzeption eines neuen Verfahrens zur Personalbedarfsplanung zu berücksichtigen sind.

Bei der Einführung neuer Technologien kommt der Personalplanung eine vorrangige Bedeutung zu (HENDRY u.a. 1988, S. 36-43; SCHREUDER u.a. 1988; SUSMAN 1988, S. 26-31; KUEHN 1988 S. 21-23; CAMPBELL u.a. 1988, S. 5-32; MENGES u.a. 1988, S. 34-36; HEEG u.a. 1989, S. 884-891; STAUDT 1989, S. 374-387). Eine Vielzahl von Autoren beschreiben in diesem Zusammenhang vorzugsweise Aspekte bei der Einführung einzelner CIM-Komponenten in ein Unternehmensinformationssystem und die damit verbundenen Problembereiche (BARDENS 1988, S. 45). Nach CIEPLIK (1988, S. 153) stehen dabei Problemfelder im Bereich der Personalentwicklung und der damit einhergehenden Personalqualifizierung im Vordergrund. Dabei kommen HACKSTEIN u.a. (1988, S. 16) zu der Erkenntnis, daß neben der unerläßlich vorausschauenden Personal- und Organisationsentwicklung bei einer CIM-Realisierung ein Management der Human Resources und die damit verbundene Diskussion um Arbeitszufriedenheit und Motivation eine wesentliche strategische Einflußgröße auf den Einführungserfolg neuer Informationssysteme darstellt. Zu ähnlichen Ergebnissen kommen auch RUMMEL u.a. (1988, S. 36-42); SPARROW u.a. (1988, S. 25-42); NONAKA (1988, S. 45-62); DRIVER u.a. (1988, S. 28-31); FAZIO (1988, S. 29-35); BAIRD u.a. (1988, S. 116-128); NKOMO (1988, S. 66-72); LAWLER (1988, S. 22-27). Vorrangig zeichnen sich an dieser Stelle amerikanische Autoren - analog zur Human-Relations-Bewegung als Antwort auf die leistungsorientierten Grundzüge des Taylorismus der Jahrhundertwende - und japanische Autoren durch eine detaillierte Betrachtung dieser Thematik aus.

Ein neuerdings eingesetztes Instrument des Personalwesens ist das Personal-Controlling. "Der Grund für diese Tendenz liegt im Bedürfnis nach besseren und vor allem frühzeitigeren Informationen über Entwicklungen im Personalbereich ..." (SCHOLZ 1989, S. 40).

Verschiedene Controlling-Konzeptionen werden in den Unternehmen bereits eingesetzt. Im Personalbereich dagegen hält das Controlling nur langsam Einzug. Gründe hierfür liegen oft in einem Datendefizit (eine breite, nutzbare Datenbasis existiert nicht), einem Methodendefizit (Methoden zur Aufbereitung der Daten fehlen) und in einem Akzeptanzdefizit der Betroffenen (vgl. SCHOLZ 1989, S. 41).

Die Hauptaufgaben des Personal-Controlling's beschreibt REIMANN (1988, S. 30-33) als:

- Koordination aller lang-, mittel- und kurzfristigen Maßnahmen,
- Beurteilung der leistungs- und kostenwirksamen Aktivitäten vor der Realisierung,
- Durchführung von Soll-/Ist-Vergleichen,
- Empfehlung von Anpassungsmaßnahmen an veränderliche Situationen,
- Kalkulation von Leistungsverrechnungen,
- Entwicklung von Systemen zur Steuerung der Personalkapazität,
- Koordination von Planungen des Personalaufwandes und
- Beurteilung von Sozial-/Human-Investitionen.

Das Personal-Controlling basiert nach PAPMEHL (1988, S. 575) auf der Idee, durch einen kontinuierlichen Vergleich von Planzielen und Gegenwartssituationen ein effizientes Frühwarnsystem zu schaffen, mit dem antizipativ, quantitativ und qualitativ Personalunter- oder -überdekkung erkannt werden können.

SCHOLZ (1989, S. 45) gliedert die dazu erforderlichen Datenbestände nach ihrer Reichweite bzw. Fristigkeit in drei Managementebenen:

- operative Ebene, ihre Ziele sind kurzfristig und beziehen sich auf personelle Einzelmaßnahmen
- taktische Ebene, Daten der operativen Ebene werden verdichtet zu Mitarbeiter- oder Arbeitsplatzgruppen
- strategische Ebene, diese oberste Ebene befaßt sich mit langfristigen Werten.

In einer Befragung von 90 Praktikern kommen WUNDERER u.a. (1988, S. 177-182) zu dem Ergebnis, daß Widerstände seitens der Mitarbeiter und Kompetenzkonflikte zwischen dem Personal-Controller zu den stärksten Hindernissen bei der Etablierung des Personal-Controllings zählen. Vor diesem Hintergrund sind bei der Einführung eines derartigen Instrumentariums unbedingt die erforderlichen Schritte einer Projektvorbereitung:

- Information der betroffenen Mitarbeiter,
- Information des Betriebsrates,
- klare Definition der Ziele und Abstimmung mit der Unternehmensleitung und
- Ausstattung des Personal-Controllers mit den erforderlichen Kompetenzen

zu beachten.

Ein weiterer Entwicklungstrend im Themengebiet Personalwesen ist die EDV-Unterstützung einzelner Personalplanungsfunktionen durch:

- konventionelle EDV-Systeme und
- Expertensysteme.

Konventionelle EDV-Systeme unterstützen entweder Statistikfunktionen (HUCKERT 1989, S. 13-19, STOPP 1988, S. 54-55) und ermöglichen damit die Kennzahlenbildung beispielsweise zur Analyse von Fehlzeiten, von Personalstrukturen und -aufwänden oder zur Bereitstellung von Analysezeiten in entsprechenden Datenbanken (KUHLMANN 1988, S. 26-28).

Expertensysteme werden in der Literatur unter zwei Aspekten betrachtet. Einmal wird der Aspekt der Einführung neuer Technologien und den damit verbundenen Problematiken in Richtung Personalentwicklung (NEIPP 1988, S. 138-151) betrachtet zum anderen werden Expertensysteme aber auch als Instrumentarien zur Unterstützung von Personalplanungsfunktionen eingesetzt. BARDENS u.a. (1988, S. 71-80) stellen ein wissensbasiertes System vor, welches ausgehend von den Funktionsgruppen der Personalplanung und den Besonderheiten von Personalleasingunternehmen die Zuordnung von Aufträgen und Bearbeiter - beispielsweise über die erforderliche Qualifikation - durchführt. Neben dem Einsatz konventioneller Softwareprodukte stellen auch HENTZE u.a. (1989, S. 18-21) die Potentiale für Expertensysteme im Bereich des Personalwesens vor. HAVRANEK (1988, S. 35-40) stellt das Expertensystem PARYS zur Unterstützung von Personalplanungsfunktionen durch die wissensbasierte Abspeicherung von Stellenbeschreibungen, Anforderungsprofilen, Ausbildungs- und Nachfolgeplanungen in einem ganzheitlichen Personalmanagement-System. Weitere Ansätze werden von EXTJET (1988, S. 10-15); REUSCH u.a. (1989, S. 782-793) REUSCH (1989, S. 1140-1144) beispielhaft dargestellt.

2.2 Die Personalbedarfsplanung im Rahmen der Personalplanung

Innerhalb der gesamten Personalplanung nimmt die Personalbedarfsplanung eine vorrangige Stellung ein, da sie grundlegende Werte für die anderen Teilgebiete der Personalplanung vorgibt (DGFP 1979, S. 2). Dabei gliedert HACKSTEIN (1989, S. 6 ff) die Personalplanung in die in Abbildung 2.1 dargestellten Teilgebiete. REFA (MLPS Teil 2 1985, S. 237) faßt die Personalplanung und die Personalsteuerung zur Personalorganisation zusammen. Dieser zusätzliche Gesichtspunkt ist in der folgenden Abbildung mit einbezogen.

Nach DRUMM und SCHOLZ (1983, S. 104) ist es Aufgabe der Personalbedarfsplanung, den quantitativen und qualitativen Bedarf an gegenwärtigem und zukünftigem Personal zu ermitteln, der zur Realisierung der gegenwärtigen und zukünftigen Unternehmensleistung benötigt wird. Das Ziel dieser Planungen ist es, die "...Übereinstimmung von Personalbedarf und Personalbestand..." (FRESE 1975, S. 2938) zu erreichen.

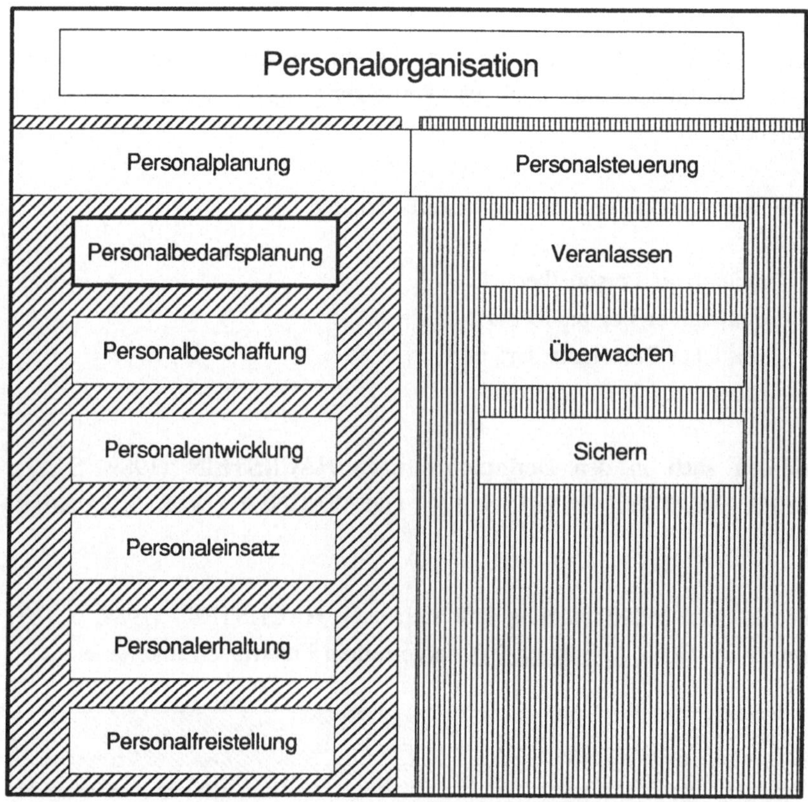

Abb. 2.1: Teilgebiete der Personalplanung (in Anlehnung an: Hackstein 1989, S. 6 ff)

Ist eine Personalunterdeckung festgestellt, sollte nach GROCHLA (1983, S. 148) dieser Bedarf möglichst durch Personalentwicklung gedeckt werden, um die "...innerbetrieblichen Ressourcen voll auszuschöpfen, ehe der notwendige quantitative und qualitative Bedarf aus dem externen Arbeitsmarkt gedeckt wird". Als Begründung führt er an, daß eine Weiterbildung des eigenen Personals zu dessen Selbstverwirklichung und somit einen "...positiven Einfluß auf Problembewußtsein, Leistungs- und Kooperationsfähigkeit der Mitarbeiter hat..." und damit auch "...die Flexibilität und Innovationsfähigkeit des Unternehmens gesteigert wird" (GROCHLA 1983, S. 148). HACKSTEIN u.a. (1972, S. 153) definieren in diesem Zusammenhang die Personalentwicklungsmaßnahmen als Freisetzung des "latenten Leistungspotentials".

Die vier Aspekte der Personalbedarfsplanung:

- quantitiver Personalbedarf,
- qualitativer Personalbedarf,
- zeitlicher Personalbedarf und
- räumlicher Personalbedarf

werden auch in den Definitionen nach HACKSTEIN (1989, S. 11), REFA (MLO Teil 3 1985, S. 124) und WAGNER (1981, S. 2) aufgegriffen.

Die Personalbedarfsplanung läßt sich nach HACKSTEIN (1989, S. 7ff) weiter in die in Abbildung 2.2 dargestellten Funktionen unterteilen.

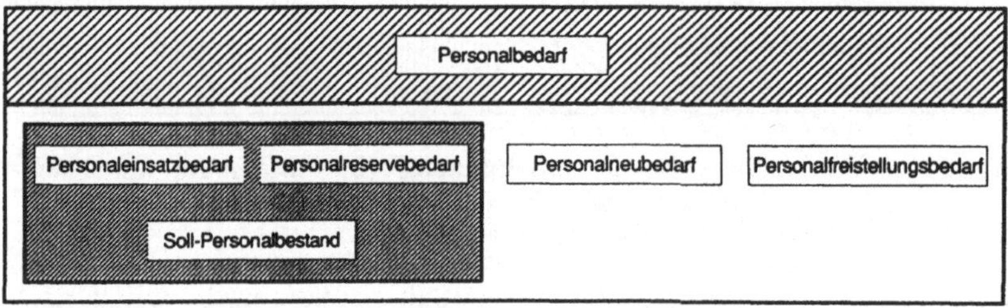

Abb. 2.2: Gebiete der Personalbedarfsplanung (in Anlehnung an: HACKSTEIN 1989, S. 7 ff)

Hierbei wird unter Personaleinsatzbedarf der Bedarf an menschlicher Arbeitsleistung verstanden, der zum Erreichen der Unternehmensziele erforderlich ist. Der Personalreservebedarf erfaßt die zu erwartenden Ausfälle des Personals aufgrund von Krankheit, Urlaub, Unfall und sonstigen in der Person liegenden Fehlzeiten. Die Summation von

Personaleinsatz- und -reservebedarf ergibt den Soll-Personalbestand. Personalneubedarf entsteht bei einer Abweichung des Soll-Personalbestandes vom Ist-Bestand. Personalfreistellungsbedarf ist in erster Linie auf saisonale, konjunkturelle und strukturelle Veränderungen der Beschäftigungslage zurückzuführen. Der Ersatzbedarf dient dem Ausgleich von Abgängen wie Pensionierungen, Wehrdienst, Tod, Invalidisierung, Kündigung u.a.m..

2.3 Methoden zur Bestimmung des Personalbedarfs

Im folgenden werden die in der Literatur genannten Verfahren zur quantitativen Ermittlung des Personaleinsatzbedarfs im einzelnen dargestellt. Dabei wird eine genaue Differenzierung der einzelnen Verfahren dadurch erschwert, daß in der Literatur Verfahren mit gleichem Inhalt unterschiedlich benannt werden. Die unterschiedlichen Verfahren lassen sich unter dem Aspekt der Vorgehensweise den folgenden vier Bereichen zuordnen.

Der erste Bereich beinhaltet Methoden, die den Personalbedarf durch Schätzungen ermitteln. Hier reicht das Spektrum von der einfachen Schätzung, die mit relativ geringem Aufwand aber auch mit einem hohen Unsicherheitsfaktor durchzuführen ist, bis zur aufwendigen Delphi-Methode.

Im zweiten Bereich sind alle die Methoden erfaßt, die den Personalbedarf mit Hilfe statistischer Auswertungen ermitteln. Im Rahmen der statistischen Methoden werden unterschiedlichen Modelle entwickelt, die Ermittlung des Personalbedarfs über einen mathematischen Ansatz ermöglichen.

Im dritten Bereich werden die Methoden aufgeführt, die den Personalbedarf auf Grund von organisatorischen Gesichtspunkten festlegen. Dabei wird der Personalbedarf weitestgehend unabhängig von der Arbeitsmenge anderen Einflußgrößen, wie beispielsweise gesetzliche Bestimmungen oder gewünschter Organisationsstrukturen, orientiert.

Der abschließende vierte Bereich beinhaltet die monetären Methoden, bei denen sich der Personalbedarf in erster Linie auf die zur Verfügung stehenden finanziellen Mitteln bezieht.

Eine zusammenfassende Darstellung mit den häufig in der Literatur aufgeführten Verfahren ist der nachfolgenden Abbildung 2.3 zu entnehmen.

2.3.1 Schätzungen

Einfache Schätzung

Laut REFA (MLO Teil 3 1985, S. 135) wird bei der einfachen Schätzung der zukünftige Personalbedarf von den Führungskräften geschätzt, die den einzelnen Teilbereichen vorstehen. Die so ermittelten Daten sind jedoch sehr subjektiv, so daß eine Überprüfung zu empfehlen ist, da nach WÄCHTER (1974, S. 47) vielfach eine "...Überschätzung des Personalbedarfs von Seiten der einzelnen Abteilungen..." durchgeführt wird.

Expertenbefragungen

Im Rahmen der Expertenbefragung werden kompetente Personen z.B. Abteilungs- oder Betriebsleiter befragt. Deren Schätzungen hinsichtlich des zukünftigen Personalbedarfs werden erfaßt. Darauf aufbauend bilden die befragten Experten aus ihren Einzelurteilen gemeinsam ein abschließendes Gesamturteil. Diese Methode ist zwar einfach durchzuführen, birgt aber ein hohes Maß an Unsicherheit in sich. Zum einen handelt es sich bei den Einzelurteilen um subjektive Eindrücke und zum anderen besteht die Gefahr, daß sich, bei der abschließenden

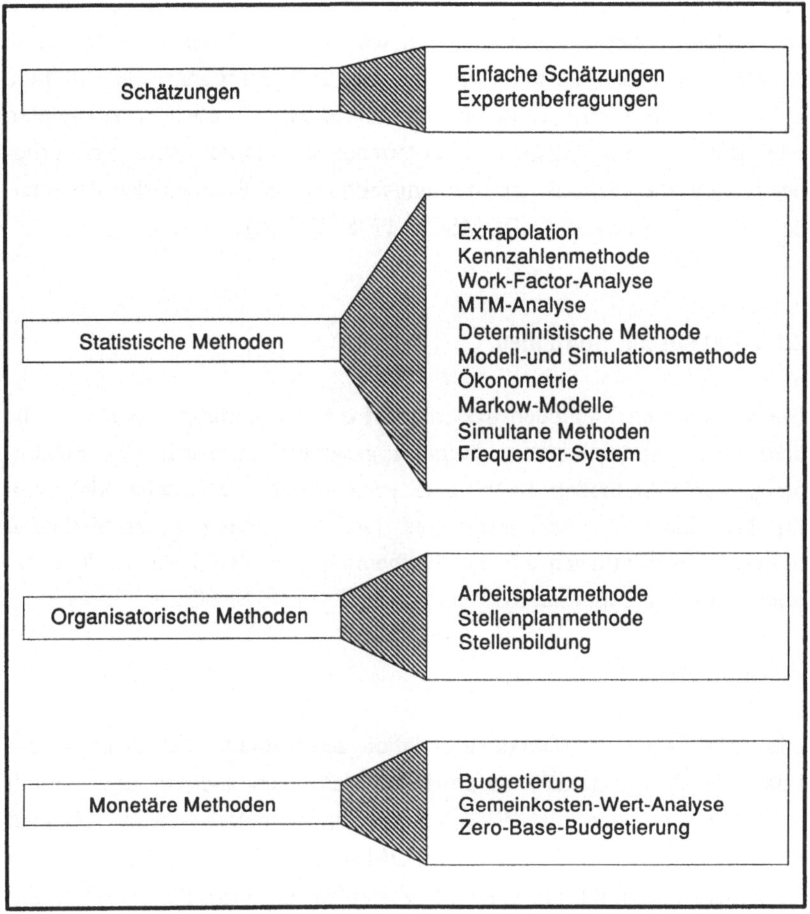

Abb. 2.3: Gliederung der Methoden zur Personalbedarfsplanung

Findung des Gesamturteils, eine Einschätzung durchsetzt, nur weil sie von einer dominierenden Persönlichkeit vertreten wird. Dadurch kann das Gesamturteil verfälscht werden.

Objektiver ist dagegen die Delphi-Methode (DRUMM u.a. 1988, S. 107). Hierbei geben zunächst alle Experten für sich eine begründete

Einschätzung ab, die dann gesammelt von einem neutralen Personalplaner analysiert werden. Anschließend wird den einzelnen Experten diese Analyse übergeben, anhand derer sie eine zweite Prognose durchführen, in der sie die eigene Einschätzung der Situation entweder korrigieren oder mit weiteren Argumenten untermauern. Dadurch wird ein "gruppendynamischer Prozeß der Meinungsbildung im Rahmen der Personalbedarfsplanung erreicht" (DOMSCH 1978, S. 118).

2.3.2 Statistische Methoden

Die statistischen Methoden basieren auf der Auswertung von Daten, die über einen repräsentativen Zeitraum gesammelt wurden. Die Anwendung dieser Methoden bietet eine errechenbare statistische Sicherheit für das Eintreffen eines Ereignisses. Die Anwendung dieser Methoden basiert im wesentlichen auf den mathematischen Verfahren der Korrelations- und Regressionsanalyse (GAUGLER 1974, S. 60).

Extrapolation

Die Anwendung der Trendextrapolation setzt voraus, daß sich die aus Daten der Vergangenheit aufgestellten Zeitreihen auch in der Zukunft fortsetzen und sich die Wirkung der Einflußfaktoren nicht verändert (DALL u.a. 1975, S. 243). Nach DOMSCH (1978, S. 112) kann dieses Verfahren "...sowohl für einzelne Variablen als auch für eine Verhältniszahl..." durchgeführt werden. Er hält letzteres für praktikabler, da sich einzelne Variablen oft erheblich ändern können. Als Beispiel für Verhältniszahlen nennt er den Quotienten von Gesamtbelegschaft zu Geschäftsvolumen oder das Verhältnis von Überwachungspersonal zu ausführendem Personal.

Zur Berechnung des zukünftigen Verlaufes dieser Zeitreihen werden verschiedene Extrapolationsmethoden benutzt. Zu nennen sind hier die Methode der kleinsten Quadrate, des gleitenden Mittelwertes und der exponentiellen Glättung. Der Nachteil der Methode der kleinsten Quadrate besteht in der gleichen Gewichtung aller Aufschreibungen. Bei den anderen beiden Verfahren wird die größere Aktualität der jüngsten Daten berücksichtigt. Das wird bei der Methode des gleitenden Mittelwertes dadurch erreicht, daß die weiter zurückliegenden Werte nicht berücksichtigt werden. Die exponentielle Glättung gewichtet ältere und aktuellere Daten mit Hilfe eines Glättungsfaktors unterschiedlich. Sie gestattet aber immer nur eine kurzfristige Vorhersage z.B. für die nächste Woche bzw. den nächsten Monat.

Kennzahlenmethode

Bei der Anwendung der Kennzahlenmethode wird eine feste "...Beziehung zwischen Personalbedarf und seinen Determinanten..." unterstellt (DOMSCH 1978, S. 112). Mit Hilfe dieser Kennzahlen läßt sich eine einfache Grundformel für die Personalbedarfsrechnung in Abhängigkeit von den Determinanten aufstellen. Dabei ist zu beachten, daß mit dieser Grundformel nur der theoretisch benötigte Personalbedarf berücksichtigt wird. Um den realen Personalbedarf zu ermitteln, müssen bei der Anwendung bestehender Verfahren Korrekturfaktoren für die Besonderheiten des Arbeitsplatzes berücksichtigt werden. Das Problem dieser Methode besteht in der Ermittlung der für die Erstellung der Korrekturfaktoren notwendigen Daten (vgl. DOMSCH 1978, S. 113).

Beispiele für den Einsatz von Kennzahlenmethoden stellen die folgenden Verfahren dar:

- KAZ-Methode (KONRAD 1987, S. 17 ff),
- Rosenkranz-Methode (ROSENKRANZ 1968, S. 18),
- Verfahren von Bartge (BARTGE 1982, S. 39) und
- Verfahren nach Heinisch und Sämann (HEINISCH u.a. 1973, S. 75).

Eine differenzierte Darstellung der einzelnen Methoden soll an dieser Stelle unterbleiben. Die genauen Vorgehensweisen sind ausführlich in den angegebenen Literaturstellen erläutert.

Personalbedarfsermittlung auf der Basis der Work-Factor-Analyse

Bei der Work-Factor-Analyse, die auch System vorbestimmter Zeiten genannt wird (vgl. GABLER'S WIRTSCHAFTSLEXIKON 1983), handelt es sich um eine Arbeitszeitstudie, in der Arbeitsabläufe in kleine Bewegungselemente zerlegt werden, für die dann die basic elements oder Kleinstzeiten ermittelt werden. Dabei werden insgesamt acht Grundbewegungen unterschieden. Durch Zusammensetzung dieser ermittelten Kleinstzeiten läßt sich dann die Sollzeit für bestimmte Arbeitsgänge ermitteln (vgl. HACKSTEIN 1986, S. 37 ff), indem man die verschiedenen Zeitwerte addiert. "Mit Hilfe von Umrechnungs- und Zuschlagsfaktoren wird die Gesamtzeit in eine Vorgabezeit umgerechnet" (HENTZE 1977, S. 137). Unter der Voraussetzung, daß alle Arbeitsgänge erfaßt sind, kann diese Sollzeitenbestimmung als Basis für die Planung des Personalbedarfes dienen.

Personalbedarfsermittlung auf der Basis der Methods Time Measurement (MTM)-Analyse

"Die MTM-Technik ist bekanntlich ein Datenermittlungsverfahren und wird für die Gestaltung und Ermittlung von Soll-Zeiten für Arbeitsaufgaben verwendet (HELMS 1980, BECKS u.a. 1983). Sie ist damit noch kein Verfahren zur Ermittlung des Personalbedarfs. Eine methodische Personalbemessung kann aber nicht auf zuverlässig ermittelte Zeit- und Mengendaten verzichten" (SIMON 1986, S. 63).

Aufbauend auf dieser Erkenntnis entwickelt Funke (FUNKE 1978) eine Vorgehensweise mit neun Arbeitsschritten, die auf der Basis von MTM-Daten eine Ermittlung des Personalbedarfs ermöglicht. Bei dieser Vorgehensweise werden die anfallenden Arbeitsaufgaben entweder planbaren oder nicht planbaren Tätigkeiten zugeordnet. Der Aufwand für die nicht planbaren Tätigkeiten wird in Form von Zuschlagsfaktoren weiter berücksichtigt. Aus den Soll-Zeiten für die planbaren Tätigkeiten ist mit der gültigen tariflichen Arbeitszeit und dem entsprechenden Zuschlagsfaktor für die nicht planbaren Tätigkeiten der notwendige Personaleinsatzbedarf abzuleiten. Der Personalreservebedarf ergibt sich aus einem Fehlzeitenfaktor, der aus statistischen Aufschreibungen zu errechnen ist.

Im Gegensatz zur Work-Factor-Analyse werden bei der MTM-Analyse auch qualitativ zu beurteilende Einflußgrößen berücksichtigt (MLA Teil 2 1978, S. 76).

Deterministische Methode nach REFA

Die deterministische Methode nach REFA ist besonders geeignet für die Bereiche, in denen auf Grund der vorhandenen Arbeitspläne die Sollzeiten einfach ermittelt werden können. Diese Berechnung bezeichnet REFA als "analytische Bedarfsermittlung" (REFA MLPS Teil 2, S. 283). Werden jedoch als Grundlage Arbeitsvorgangsverwendungsnachweise benutzt, spricht REFA von "synthetischer Bedarfsermittlung".

Modell-und Simulationsmethode

Mit Hilfe der Simulation kann laut REFA (MLO Teil 3 1985, S. 135) "...das zukünftige Verhalten von Systemen bei Veränderung bestimmter Einflußgrößen" untersucht werden. Die Anwendung dieser Methode erfolgt insbesondere dann, wenn die Untersuchungen am realen Objekt nicht möglich oder zu aufwendig sind.

Dabei setzt die modellhafte Simulation komplexer Systeme die Erhaltung von Anzahl und Art der Einflußfaktoren voraus, um eine Übertragbarkeit auf das reale Objekt zu gewährleisten. Das Verfahren bedingt jedoch "daß die Einflußfaktoren der Vergangenheit auch in der Zukunft die wesentlichen Einflußfaktoren für den Betrachtungsgegenstand bleiben werden" (DALL u.a. 1975, S. 243).

Ökonometrische Methode

Diese Modelle "...bilden ökonometrische Entwicklungsprozesse und Strukturen in quantitativer Form ab und werden zur Prognose und zur Simulation alternativer wirtschafspolitischer Maßnahmen verwendet" (GABLER'S WIRTSCHAFTSLEXIKON 1983). Folgende Anwendungsgebiete haben sich für ökonometrische Modelle herauskristallisiert (MANAGEMENT ENZYKLOPÄDIE 1971, S. 915 ff):

- Nachfrageanalysen,
- Produktions- und Kostenanalyse,
- Konjunktur- und Wirtschaftsmodelle und
- Wirtschaftsprognosen.

Laut REFA "ist die Ökonometrie zur globalen Vorhersage des Personalbedarfs im mittel- bis langfristigen Planungsbereich geeignet" (REFA MLPS Teil 2 1985, S. 303). Voraussetzung für die Anwendung von ökonometrischen Methoden ist jedoch eine leistungsfähige EDV-Anlage, die notwendigen Datenmengen wirtschaftlich speichern, verwalten und auswerten kann.

Markow-Modelle

Markow-Modelle liefern ein differenziertes Bild der möglichen Bewegungen innerhalb von Organisationsformen (NIEHAUS 1979, S. 269). Dazu ist erforderlich, daß:

- der Ist-Zustand und

- die Wahrscheinlichkeit, mit der Ist-Zustand in einen anderen Zustand übergeht (Übergangswahrscheinlichkeit)

bekannt sind (WÄCHTER 1974, S. 244).

Bei der Anwendung der Markow-Modelle wird nach OECHSLER (1985, S. 36 ff) unter Zugrundelegung des Personalbestandes eine Bestandsprognose erstellt. Mit dieser Prognose wird in einem zweiten Schritt zusammen mit weiteren personal- und produktorientierten Zielsetzungen der Personalbedarf ermittelt. Dabei sind diese Modelle insbesondere zur Personalbedarfsplanung in öffentlichen Verwaltungen prädestiniert (OECHSLER 1985, S. 42). Bei den dort eingesetzten Organisationsformen ist eine relativ stabile Personalpolitik gegeben. Diese Politik zeichnet sich beispielsweise durch starre Laufbahnen oder vorgegebene Beförderungsintervalle aus (OECHSLER 1985, S. 42).

Simultane Methoden

Bei der Anwendung einer simultanen Methode wird vorausgesetzt, daß "...die Wechselbeziehungen zwischen langfristiger Personalplanung im Produktionsbereich, Investitionsplanung und der Planung des Produktionsprogramms..." dazu führt, "...diese Bereiche in ein gemeinsames Produktionsprogramm einzubetten" (STRUTZ 1976, S. 1). DOMSCH (1970, S. 24 ff), MÜLLER-HAGEDORN (1970, S. 144 ff) und STRUTZ (1976, S. 51 ff) entwickeln Modelle, die mit unterschiedlichen Zielsetzungen arbeiten.

DOMSCH (1970, S. 26 ff) geht von einem linearen Optimierungsmodell aus mit dem Ziel der Kapitalwertmaximierung. Er setzt voraus, daß es sich um ein Unternehmen mit einer einstufigen Parallelproduktion, d. h. an einer Maschine wird ausnahmslos nur ein Produkt gefertigt, und einer maximalen Maschinenauslastung handelt.

Im Gegensatz zu DOMSCH geht MÜLLER-HAGEDORN "...nicht von einer isolierten Betrachtung einzelner Investitionsobjekte aus" (STRUTZ 1976, S. 44). Er stellt eine Zielfunktion auf die auf eine Maximierung des Vermögens ausgerichtet ist. Der Planungszeitraum wird in einzelne Perioden unterteilt, von denen jedoch nur die letzte Periode in die Zielfunktion eingeht (vgl. MÜLLER-HAGEDORN 1970, S. 146). Er geht bei seinem Modell ebenso wie STRUTZ von einem "...Einproduktunternehmen mit einstufiger Fertigung..." aus (STRUTZ 1976 S. 51), wobei das Modell von STRUTZ jedoch die Gewinnmaximierung zum Ziel hat. Ein großer Nachteil dieser Verfahren besteht darin, daß sie durch ihre restriktiven Voraussetzungen nur einen sehr kleinen Anwendungsbereich haben.

Frequensor-System der Personalbemessung

Wesentliche Voraussetzung für die Durchführung der Personalbemessung mit diesem Verfahren stellt die Aufnahme der Basisdaten in einer Frequensor-Studie dar (SIMON 1986, S. 130 ff). Diese Erfassung erfolgt mit Hilfe eines Gerätes, das zwischen zehn und vierzig optische und akustische Signale pro Tag zufällig verteilt aussendet. Bei jedem Signal gibt der Mitarbeiter den Zahlenschlüssel für die gerade von ihm durchgeführte Tätigkeit in ein Datenerfassungsgerät ein.

Der mit dieser Methode erfaßte Ist-Zustand muß hinsichtlich vorhandener Schwachstellen überprüft werden. Unter Berücksichtigung der vorhandenen Schwachstellen kann mit den erhobenen Daten der Personalbedarf analog zu den Verfahren, die unter den Darstellungen zur Work-Factor-Analyse oder zur MTM-Analyse aufgenommen sind, ermittelt werden. MATARÉ (1986, S. 192 ff) beschreibt die Ableitung des Personalbedarfs für eine Kreditorenbuchhaltung mit diesem Verfahren.

2.3.3 Organisatorische Methoden

Arbeitsplatzmethode

Bei der Arbeitsplatzmethode (auch stellenbezogene Methode genannt) wird der Personalbedarf weitgehend arbeitsmengenunabhängig ermittelt. Es kommen vielmehr Kriterien wie die betriebliche Ablauf- und Aufbauorganisation oder die vorhandenen Betriebsmittel und Einrichtungen (HAGENER 1975, S. 246 ff) zum Tragen. Diese Methode läßt sich bei der Personalbedarfsplanung für Stellen mit zwingend erforderlicher Anwesenheit oder bei der Planung langfristig unveränderlicher Stellen, die sich meistens anhand der Organisationsstruktur eines Unternehmens oder einer Behörde ergeben, anwenden (HAGENER 1975, S. 247). In Produktionsbetrieben wird diese Methode angewendet, wenn die zu produzierenden Mengen längerfristig konstant bleiben.

Die Arbeitsplatzmethode wird von REFA als "Setzung" bezeichnet (REFA MLPS Teil 2 1985, S. 308). Gesetzt werden Arbeitsplätze und somit der Personalbedarf, die "aufgrund von Gesetzen und Vorschriften oder aus unternehmenspolitischen Gründen" erforderlich sind.

Stellenplanmethode

Die Stellenplanmethode ist nach ZANDER (1967, S. 140) "...nichts anderes als eine Aneinanderreihung aller Arbeitsplatzbeschreibungen und Fortsetzung des Organisationsplanes in die Tiefe". Im Unterschied zur Arbeitsplatzmethode, die auf die Dimensionierung einzelner Arbeitsplätze ausgerichtet ist, wird die Stellenplanmethode am gesamten Organisationskonzept orientiert. Sie findet vor allem im öffentlichen Dienst ihre Anwendung. Hier werden oft mehrere Jahre im voraus für die einzelnen Teilbereiche die Planstellen beantragt, genehmigt und festgeschrieben. Die Anzahl und Art der benötigten Planstellen werden von den Bereichsleitern und den ihnen unterstellten Teilbereichsleitern geschätzt. Hierbei ist jedoch eine genaue Begründung des Bedarfes nötig, sowie deren Prüfung durch einen Organisator, damit eine "Personalhortung" verhindert wird (REFA MLO Teil 3 1985, S. 132).

Obwohl bei der Stellenplanmethode der Personalbedarf geschätzt wird, ist sie den Organisatorischen Methoden zugeordnet, da die Besetzung der Stellen nicht unbedingt arbeitsmengenabhängig, sondern nach anderen Gesichtspunkten geschieht. Als Beispiel sei hier der Dienstleistungsbereich genannt. So verläuft der Publikumsverkehr in einer Behörde in festen Zeiten, zu denen auch die Stellen besetzt sein müssen, egal wie stark diese Öffnungszeiten frequentiert sind.

Stellenbildung

REFA (MLPS Teil 2 1985, S. 307) definiert die Stellenbildung als eine Methode, die mit Hilfe der Aufgabenanalyse und -synthese den Personalbedarf plant, falls keine ausreichenden Daten über Sollzeiten für auszuführende Arbeiten und über Arbeitsmengen zur Verfügung stehen.

In der Analysephase werden zunächst die unterschiedlichen zu erledigenden Tätigkeiten bestimmt. Die sich anschließende Synthesephase dient dazu, diese nach quantitativen und qualitativen Gesichtspunkten zu untersuchen und zu Aufgabenbündeln zusammenzufassen. Dabei ist darauf zu achten, daß sowohl in quantitativer als auch in qualitativer Hinsicht der "Kapazitätsbestand eines Menschen" (REFA MLPS Teil 2 1985, S. 307) berücksichtigt wird.

Soll nicht nur der Personalbedarf für ausführende Stellen, sondern auch für "Leitungsinstanzen", das heißt für übergeordnete Stellen, ermittelt werden, muß auch die Anzahl der Leitungsinstanz untergeordneten Stellen (Leitungsspanne) berücksichtigt werden.

2.3.4 Monetäre Methode

Budgetierung

Die Planung des Personalbedarfs kann auch in Form einer Kosten-Budgetplanung durchgeführt werden (DRUMM u.a. 1988, S. 104 ff). Mit einer Top-down Vorgehensweise werden die einzelnen Budgetpositionen vom Groben ins Detail aufgeschlüsselt und anschließend wieder auf den für die jeweilige Zielsetzung relevanten Grad verdichtet. Mit den zu erwartenden Lohnkosten kann der Personalbedarf errechnet werden. HEMMERS (1986, S. 10) sieht darin einen schweren Nachteil, da der Personalbedarf durch Parameter bestimmt wird, die nicht mit der "...notwendigen Leistungserstellung..." zusammenhängen. Er nennt als Beispiel für solche Parameter, die Summe der insgesamt zur Verfügung stehenden Geldmittel oder Kosten anderer Abteilungen (HEMMERS 1986, S. 10).

Gemeinkosten- Wert-Analyse

Als weiteres monetäres Verfahren ist die Gemeinkosten-Wert-Analyse zu nennen, mit der eine Kosten/Nutzen Ermittlung für alle in den indirekten Bereichen erbrachten Leistungen durchgeführt wird (SIMON 1986, S. 109). Das heißt jede Funktion bzw. erbrachte Leistung, mit Ausnahme der gesetzlich vorgeschriebenen, wird in Frage gestellt. Innerhalb dieser Untersuchung wird auf die ABC-Analyse nach REFA (MLPS Teil 2 1985, S. 94 ff) zurückgegriffen. Hierbei werden die einzelnen Leistungen ihrer Bedeutung nach gewichtet. Im Zusammenhang mit dem eingesetzten Aufwand werden Schwachstellen im betrieblichen Ablauf deutlich.

Zur Kostenreduzierung wird für jede untersuchte Funktion ein Einsparungsvolumen von 40% bewußt hoch angesetzt, um alle an der Ideenfindung beteiligten Personen zur Entwicklung einer Vielzahl auch unkonventioneller Einsparungsideen zu motivieren (ROEVER 1980,

S. 369; STAMM 1984, S. 28). Für die verbleibenden Tätigkeiten des mit einer GWA-Analyse bereinigten Soll-Zustands wird eine Personalbedarfsplanung durchgeführt. Dazu werden Tätigkeitsbilder und Anforderungsprofile erstellt, die eine Schlußfolgerung auf den quantitativen und qualitativen Personalbedarf erlauben (SIMON 1986, S. 119 ff).

Zero-Base-Budgeting

Beim Zero-Base-Budgeting werden ausgehend von der Basis Null (grüne Wiese) die unbedingt notwendigen Funktionen eines Unternehmens ermittelt. Zum Aufbau dieser Funktionen werden entsprechende Budgetvorgaben abgeleitet. Analog zu der unter dem Stichwort "Budgetierung" dargestellten Vorgehensweise wird auf der Basis dieser Budgetvorgaben der Personalbedarf ermittelt. Dieses Verfahren wird von PICOT u.a. (1981, S. 339) FRESE (1986, S. 91) ausführlich dargestellt.

2.4 Beurteilung der vorhandenen Methoden

Die Untersuchung der in der Literatur dargestellten Verfahren zur Personalbedarfsermittlung zeigt, daß diese Methoden den folgenden vier Gruppen zugeordnet werden können:

- Schätzungen,
- statistische Methoden,
- organisatorische Methoden und
- monetäre Methoden.

Schätzungen eignen sich grundsätzlich zwar für jeden Teilbereich des Unternehmens. Dabei hat das Ergebnis einer Schätzung wegen der speziellen Erhebung der Basisdaten immer einen subjektiven Charakter. Eine Reduzierung dieser Subjektivität kann durch eine Methodenerweiterung (z.B. Delphi-Methode) erreicht werden. Das Ergebnis kann jedoch auch bei diesen erweiterten Verfahren nur mit hohem Aufwand transparent dargestellt und weiteren Anwendungen zugänglich gemacht werden.

Die statistischen Methoden erfüllen im wesentlichen das Kriterium der Objektivität. Sie sind jedoch vielfach nur für einen genau definierten Teilbereich entwickelt worden. Beispielsweise wird die Bedarfsberechnung auf Basis der Work-Faktor-Analyse nur im Bereich der Serienproduktion eingesetzt, da aufgrund der Wiederholhäufigkeit der einzelnen Arbeitsvorgänge der Aufwand für ein detailliertes Verfahren zur Personalbedarfsplanung gerechtfertigt ist. Ein ähnliches Verfahren stellt die Personalbedarfsberechnung auf Basis der MTM-Analyse dar. Diese Analysen werden tätigkeitsorientiert durchgeführt. Gerade bei kontinuierlichen Fertigungsprozessen sind jedoch komplexe Tätigkeitsstrukturen nur mit erheblichem Aufwand zerlegbar, so daß dann tätigkeitsorientierte Verfahren weder praktikabel noch wirtschaftlich durchführbar sind.

Ein wesentlicher Vorteil der in der Literatur dargestellten Modellmethoden besteht darin, daß unterschiedliche Einflußgrößen für den Personalbedarf berücksichtigt werden. Gute Ansätze liefern in diesem Zusammenhang die simultanen Methoden, indem beispielsweise die Einflußgrößen über die Korrelation zwischen der An-lageninvestition und dem Personalbedarf abgeleitet werden. Dabei ist jedoch vielfach die Definition von Korrekturfaktoren erforderlich, die den Transfer der theoretischen Ergebnisse auf das Untersuchungsfeld erlauben. Ein Nachteil dieser Modellmethoden besteht in der Unflexibilität, da sie vielfach von starren Organisationsformen ausgehen. Aus diesem Grund ist die Anwendung von Markow-Modellen im wesentlichen nur zur Personalbedarfsplanung für Stellen in öffentlichen Verwaltungen sinnvoll. Weiterhin weist die Anwendung der Modelltheorien in der Praxis der Personalbedarfsplanung einen geringen Verbreitungsgrad auf, so daß bestehende Verfahren wegen ihrer komplexen Vorgehensweise vielfach optimierungsbedürftig sind.

Die organisatorischen Methoden legen den Personalbedarf nicht nach arbeitsmengenmäßigen Gesichtspunkten, sondern nach gewünschten oder gesetzlich vorgeschriebenen Organisationsstrukturen fest. Dabei steht die gegenseitige Abhängigkeit von Personal und Organisation im Vordergrund (HEMMERS 1986, S. 10). Die organisatorischen Methoden finden praktikable Gestaltungsanwendungen in den Bereichen mit vorgeschriebener Arbeitsplatzbesetzung und in der Dimensionierung entsprechender Leitungsfunktionen durch Beachtung des "span of control" Aspekts.

Die monetären Methoden ermitteln den Personalbedarf auf Basis der zur Verfügung stehenden finanziellen Mittel. Dabei orientieren sich diese Methoden an Einflußgrößen, die nur indirekt unter bestimmten Voraussetzungen mit dem Personalbedarf in Verbindung stehen (HEMMERS 1986, S. 10). Da die entsprechenden Einflußgrößen immer am vorhandenen Budget orientiert sind, bleiben technische Parameter weitestgehend unberücksichtigt.

Es bleibt also die Forderung nach einem Verfahren zur Personalbedarfsplanung, welches den Ansprüchen sowohl nach Objektivität als auch Praktikabilität Rechnung trägt. Im Rahmen dieser Arbeit soll ein Verfahren für kontinuierliche Fertigungsprozesse entwickelt werden. Diese Fertigungsprozesse zeichnen sich durch eine hohe Komplexität der Tätigkeitsstrukturen aus. Dabei ist vielfach eine Kombination von direkten Tätigkeiten, die im herkömmlichen Sinne als Fertigungs- und Montagetätigkeiten bezeichnet werden, und indirekten Tätigkeiten aus den Bereichen Qualitätssicherung und Instandhaltung anzutreffen. Die vorab durchgeführte Literaturrecherche hat ergeben, daß die Forderungen hinsichtlich Objektivität und Praktikabilität im wesentlichen durch die Anwendung mathematisch-statistischer Verfahren (z.B. Kennzahlenmethoden oder simultane Methoden) erreicht werden. Dabei soll zur Erhöhung der Objektivität der Einsatz von Korrekturfaktoren weitestgehend vermieden werden. Dieser Ansatz führt dazu, daß den objektiv quantifizierbaren Größen eine exponierte Stellung in der Gesamtbetrachtung eingeräumt wird. Mit den Ergebnissen der statistischen Betrachtung kann der Soll-Personalbestand zur Deckung der anfallenden operativen Tätigkeiten ermittelt werden. Die wesentlichen Aspekte dieser Betrachtungen liegen einmal in der transparenten Darstellung des absoluten Ergebnisses und zum anderen auch in der Angabe der zu berücksichtigenden Randbedingungen. Zu diesen Randbedingungen zählt auch die Ableitung der Unsicherheit mit der das Ergebnis vor dem Hintergrund eines konkreten Anwendungsfalls zu interpretieren ist. Diese Ergebnisse ermöglichen auf der Basis einer situativ gewonnenen Datengrundlage die Dimensionierung des Soll-Personalbestandes für eine neu gebaute Anlage oder den Vergleich des Ist-Personalbestandes bestehender Anlagen mit ähnlich strukturierten Anlagen gleicher Größenordnung. Die Anwendung des entwickelten anlagenorientierten Verfahrens liefert damit Zahlenwerte für die Abschätzung eines Soll-Personalbestandes für die operativen Tätigkeiten. Die Erschließung von konkreten Defiziten konkreter Ablauforganisationen zur Freisetzung vorhandener Rationalisierungspotentiale bleibt jedoch entsprechenden Detailanalyse mit anderen Methoden vorbehalten. Eine Untersuchung dieser Methoden ist nicht Gegenstand der vorliegend Arbeit.

2.5 Begriffsdefinitionen

Damit in der folgenden Arbeit sichergestellt ist, daß eine einheitliche Terminologie verwendet wird, sind im folgenden kurz die wesentlichen Begriffe, die über das zuvor erläuterte Themengebiet der Personalbedarfsplanung hinausgehen, dargestellt und definiert.

Zielgröße:

Die Zielgröße stellt den zu bestimmenden Parameter dar. Bei der Entwicklung eines Verfahrens zur Personalbedarfsplanung ist als Zielgröße trivialerweise der Personalbedarf abzuleiten. Im Rahmen dieser Arbeit wird ausschließlich der operative Personalbedarf behandelt.

Einflußgröße:

In einem kontinuierlichen Fertigungsprozeß können zwischen der Zielgröße "Personalbedarf" und anderen Parametern, die aus dem Fertigungsprozeß oder aus der Anlage abgeleitet werden, Abhängigkeiten nachgewiesen werden. Bei entsprechend starker Korrelation kann über diese Parameter die Zielgröße direkt bestimmt werden. Die die Zielgröße bestimmenden Parameter werden im folgenden als Einflußgrößen bezeichnet.

Fertigungsprozeß:

In Anlehnung an KOSIOL (1968, S. 126 ff) wird ein Fertigungsprozeß als stoffliche Transformation von Gütern interpretiert. In der Literatur (EVERSHEIM Band 4 1989, S. 11 ff; DOLEZALEK u.a. 1981, S. 130 ff) werden bei Fertigungsprozessen in Abhängigkeit von der Losgröße im wesentlichen die folgenden drei Fertigungsarten unterschieden:

- Einzelfertigung,
- Serienfertigung mit den Ausprägungen Klein-, Mittel- und Großserienfertigung und
- Massenfertigung.

DOLEZALEK u.a. (1981, S. 131 ff) unterscheiden bei der Massenfertigung weiter die Sorten-, Partie- und Chargenfertigung. Bei der Sortenfertigung besteht eine enge Verwandtschaft zwischen den hergestellten Produkten. Bei der Partiefertigung wird eine gewisse Einheitlichkeit der Stoffe garantiert. Die Chargenfertigung setzt einen einmaligen Stoffeinsatz voraus, um eine Gleichmäßigkeit des Endproduktes zu garantieren.

Auf der Basis dieser Charakterisierung können kontinuierliche Fertigungsprozesse der Massenfertigung zugeordnet werden. Dabei werden insbesondere verfahrenstechnische Prozesse in einem kontinuierliche

Ablauf durchgeführt. Die Eigenart dieser chemischen Reaktionsprozesse verlangt eine ununterbrochene Durchführung des Ablaufes bis zu einem stabilen Zwischen- oder Endzustand (GUTENBERG 1976, S. 107). Diese Besonderheit führt dazu, daß kontinuierliche Fertigungsprozesse nicht in beliebige Abschnitte zerlegt werden können. Also ist eine klare Strukturierung in einzelne Arbeitsvorgänge wie Drehen, Bohren oder Fräsen nicht möglich. Demgegenüber leistet eine Globalbetrachtung des Gesamtprozesses keine konkrete Ableitung der signifikanten Einflußgrößen, so daß die Untersuchung für einzelne Teilprozesse erfolgen muß, um daran anschließend über eine Kumulation der Teilprozesse zu einem Gesamtergebnis zu kommen. Bei der Ableitung einer Vorgehensweise wird durch die Gliederung des Gesamtproblems in überschaubare Teilprobleme eine praktikable Grundlage zu schaffen sein. KAHLE (1980, S. 29) orientiert sich dazu an der Gliederung der eingesetzten Anlage. Dieser Ansatz soll im Rahmen der weiteren Untersuchung genauer verfolgt werden.

Anlage:

Die Anlage stellt die technische Voraussetzung für die betriebliche Leistungserstellung dar (GUTENBERG 1976, S. 3). Im Rahmen dieser Arbeit wird dabei die Leistungserstellung durch die Fertigung betrachtet. Die Analyse der Anlage nimmt bei der Verfahrensentwicklung eine zentrale Position ein. Aus der Konzeption und dem tatsächlichen Ist-Zustand der Anlage werden die für den Personalbedarf relevanten Einflußgrößen abgeleitet. Dazu können insbesondere die Anlagen für kontinuierliche Fertigungsprozesse in einzelne eigenständige Funktionsbereiche unterteilt werden.

3. Entwicklung einer Vorgehensweise zur anlagenorientierten Ermittlung des Personalbedarfs für kontinuierliche Fertigungsprozesse

Entsprechend der Zielsetzung dieser Arbeit und den Ergebnissen der zuvor dargestellten Literaturrecherche wird im folgenden eine Vorgehensweise zur Personalbedarfsplanung für kontinuierliche Fertigungsprozesse abgeleitet, die auf der Anwendung mathematisch-statistischer Verfahren basiert. Dabei sind folgende Anforderungen zu stellen (PFENNIG 1988, S. 47; KÖLLEN 1980, S. 39 f):

<u>Objektivität</u>

"Die empirische Forschungsstrategie zeichnet sich vor allem durch ihre operationale intersubjektiv eindeutige und damit jederzeit überprüfbare Beschäftigung mit der Realität aus" (KUBICEK 1975, S. 33). Insbesondere durch die Aufnahme von kardinal skalierten Einflußgrößen im Rahmen des Verfahrens ist eine wesentliche Voraussetzung für die Objektivität gewährleistet.

<u>Praktikabilität und Genauigkeit des Verfahrens</u>

Vor dem Hintergrund des zu reduzierenden Aufwandes zur Planung des Personalbedarfs ist eine Vorgehensweise abzuleiten, die eine Personalbedarfsplanung mit angemessenem Aufwand erlaubt. Weiterhin muß die Genauigkeit des Verfahrens den Erfordernissen der betrachteten Anlagen angepaßt sein.

<u>Allgemeingültigkeit des Verfahrens und Reproduzierbarkeit der Ergebnisse</u>

Die Ergebnisse, die auf der Basis des situativen Ansatzes gewonnen werden, müssen auf andere Unternehmen übertragen werden können. Dabei muß weiterhin sichergestellt sein, daß die Ergebnisse des Verfahrens transparent dargestellt werden. Diese Transparenz erlaubt die Überprüfung der Richtigkeit der Ergebnisse zu einem späteren Zeitpunkt.

Relevanz der Einflußgrößen

Die betrachteten Einflußgrößen sind detailliert hinsichtlich ihrer Relevanz auf die Personalbedarfsplanung auszuwählen. Zu viele Einflußgrößen oder redundante Einflußgrößen, mit denen der gleiche Sachverhalt umschrieben wird, führen zu einem überdurchschnittlich hohen Aufwand bei der Anwendung der Vorgehensweise, der in keinem sinnvollen Verhältnis zur Genauigkeit des Ergebnisses steht. Werden nicht alle wesentlichen oder falsche Einflußgrößen berücksichtigt, führt eine Analyse der Datenbasis zu fehlerhaften Schlußfolgerungen. Bei der Erhebung der Einflußgrößen ist weiterhin zu beachten, daß wegen der geforderten Objektivität und Reproduzierbarkeit des Verfahrens die einzelnen Größen zu operationalisieren sind. Nur dann kann eine praktikable Vorgehensweise abgeleitet werden. Die vielfach geforderte Entscheidungsrelevanz der Einflußgrößen kann abschließend erst im Rahmen der Datenauswertung überprüft werden. Um dabei die Vielfalt der möglichen Einflußgrößen in Grenzen zu halten, sind nur Einflußgrößen mit präjudizierbarem Zusammenhang zur Zielgröße aufzunehmen.

Wegen des signifikanten Zusammenhanges zwischen einzelnen Produktionsparametern und dem notwendigen Personalbedarf, der von HENTZE (1977, S.143), DOMSCH (1970, S. 20) und ATV (1980, S. 632 ff) aufgezeigt wurde und im folgenden exemplarisch nachgewiesen wird, soll in dieser Vorgehensweise nicht die in der Literatur üblicherweise dargestellte tätigkeitsbezogene Verrichtungsgliederung sondern ein anlagenorientierter Ansatz zur Anwendung kommen. Gerade bei kontinuierlichen Fertigungsprozessen führt nicht mehr die Durchführung häufig zu wiederholenden Einzeltätigkeiten zum gewünschten Produktionsergebnis, sondern viel mehr das Zusammenwirken unterschiedlicher Tätigkeiten zu einem komplexen Tätigkeitsgebilde. Insbesondere bei der Beschreibung dieser komplexen Tätigkeitsstrukturen zeigt sich, daß ein tätigkeitsorientierter Ansatz nur noch mit hohem Aufwand zu verfolgen ist. Um einer weiteren Aufwandssteigerung zu begegnen, soll im Rahmen dieser Arbeit ein anlagenorientierter Ansatz entwickelt werden. Dazu wird in einem ersten Schritt die betrachtete Anlage in ihre für den Fertigungsprozeß signifikanten Funktionsbereiche gegliedert.

Im nächsten Schritt sind die relevanten Produktionsparameter - im folgenden Einflußgrößen genannt - zu ermitteln. In Anlehnung an HEUWING (1974, S. 59) können dazu organisations-, objekt- und personalbezogene Einflußgrößen auf den Stundenaufwand unterschieden werden. Dabei ergeben sich organisationsbezogene Einflußgrößen im wesentlichen aus den Richtlinien zur Aufgabendurchführung, aus den Organisationshilfsmitteln, aus den technischen Hilfsmitteln und aus den Lösungsmethoden. Objektbezogene Einflußgrößen werden beispielsweise durch die Komplexität der zu bearbeitenden Aufgaben beschrieben. Personalbezogene Einflußgrößen werden aus Faktoren wie Leistungsgrad und Qualifikation abgeleitet. Dabei geht HEUWING von einer genauen Tätigkeitsdifferenzierung zur Ermittlung des Personalbedarfs aus. Bei der Anwendung einer anlagenorientierten Vorgehensweise werden die aufwandsbestimmenden Einflußgrößen direkt aus dem Fertigungsprozeß und der eingesetzten Anlage abgeleitet. Einflußgrößen sind dann beispielsweise die Fertigungsmenge, die Fertigungsqualität, die Anlagenkomplexität oder der Auslastungsgrad. Neben einer deutlichen Vereinfachung des Verfahrens durch diesen Ansatz erhöhen die direkt quantifizierbaren Faktoren die Praktikabilität und Objektivität der Vorgehensweise.

Die genauen funktionalen Zusammenhänge werden mit mathematisch-statistischen Verfahren analysiert und dargestellt. Vor einer Datenauswertung ist die Homogenisierung der Datenbasis notwendig, da aufgrund einer situativen Datenerhebung Imponderabilien erfaßt werden, die keinen präjudizierbaren Einfluß auf das Ergebnis haben. Diese Faktoren sind zu eliminieren.

Zeigt sich bei dieser Analyse ein unzureichender Einfluß der ermittelten Einflußgrößen auf die Zielgröße, ist die sachlogische Ableitung der Einflußgrößen erneut durchzuführen. Ergibt sich auch nach erneuter Ableitung der Einflußgrößen keine wesentliche Verbesserung des Ergebnisses, ist die Anlagengliederung zu überarbeiteten. Deswegen nimmt der Nachweis der Genauigkeit des entwickelten Verfahrens einen breiten Raum ein. Mit diesem Nachweis - beispielsweise durch die Angabe eines Vertrauensbereiches - können die berechneten Ergebnisse vor dem Hintergrund einer betriebsspezifischen Anwendung detailliert interpretiert werden.

Aus diesen ermittelten funktionalen Zusammenhängen kann bei einem vorgegebenen Fertigungsprozeß und einer bestimmten Anlage der erforderliche Personaleinsatzbedarf ermittelt werden. Zusammen mit dem Personalreservebedarf ergibt sich daraus der Soll-Personalbestand.

Die einzelnen Schritte der zu entwickelnden Vorgehensweise sind in Abbildung 3.1 skizziert. Um eine bessere Übersichtlichkeit der zu entwickelnden Vorgehensweise zu gewährleisten, ist eine Strukturierung in:

- Beschreibung und Erfassung der Ausgangssituation,
- Ableitung der funktionalen Zusammenhänge und
- Konzeption des Soll-Zustandes

vorgenommen worden. In dieser Abbildung sind der Vollständigkeit halber die Detailschritte der Datenauswertung schon aufgeführt. Eine Beschreibung dieser Arbeitsschritte führt an dieser Stelle zu weit. Die detaillierte Darstellung dieser Arbeitsschritte wird in den entsprechenden Kapiteln im weiteren durchgeführt.

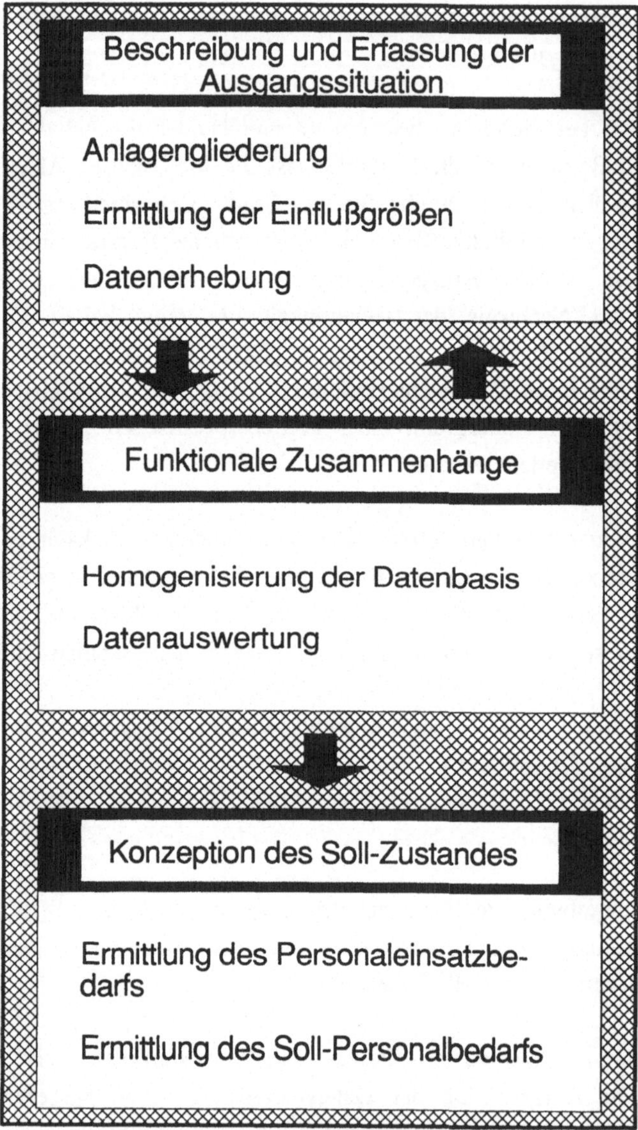

Abb. 3.1: Vorgehensweise zur Ermittlung des quantitativen Personalbedarfs für kontinuierliche Fertigungsprozesse

Ziele der folgenden Ausführungen sind:

- die Darstellung einer Vorgehensweise zur Ableitung einer zweckorientierten Anlagengliederung,
- die Darstellung einer Vorgehensweise zur sachlogischen Ermittlung von Einflußgrößen,
- die Darstellung von Modellen zur Lösung der mathematisch-statistischen Problemstellung und
- die Verifizierung der Vorgehensweise an einem konkreten Beispiel.

Dabei kommt den folgenden Aspekten in der Durchführung des Praxisbeispiels eine besondere Bedeutung zu:

- die kontinuierliche Vereinfachung des abgeleiteten Verfahrens und
- die Betrachtung der Genauigkeit des Verfahrens.

3.1 Beschreibung und Erfassung der Ausgangssituation

Die wesentliche Voraussetzung zur Durchführung der abgeleiteten Vorgehensweise stellt die Beschreibung und Erfassung der Ausgangssituation dar. Dabei ist unter Berücksichtung der eingangs beschriebenen Anforderungen an die Vorgehensweise besonderer Wert auf den anzustrebenden Detaillierungsgrad zu legen. Es gilt sowohl für die Durchführung der Anlagengliederung als auch für die Bestimmung der Einflußgrößen die Forderung:

"Nicht so tief wie möglich, sondern so genau wie nötig".

Bei der Lösung dieser Problemstellung sind im einzelnen die von GAST (1985, S. 47 ff) zusammenfassend dargestellten Erhebungstechniken anzuwenden (Abbildung 3.2). Gast hat die einzelnen Erhebungstechniken kurz charakterisiert und mit ihren Vor- und Nachteilen beschreiben. Damit soll an dieser Stelle von einer detaillierten Beschreibung abgesehen werden. Je nach Zielsetzung werden im Rahmen der Vorgehensweise unterschiedliche Techniken zur Anwendung kommen, die an den entsprechenden Stellen mit ihren spezifischen Eigenschaften kurz erläutert werden.

3.1.1 Einteilung einer Anlage in signifikante Funktionsbereiche

Die Durchführung der anlagenorientierten Personalbedarfsplanung erfordert im ersten Schritt eine Beschreibung der Anlage und eine Einteilung in ihre relevanten Funktionsbereiche.

"Technische Gebilde (Anlagen, Apparate, Maschinen, Geräte, Baugruppen, Einzelteile) sind künstliche und konkrete Systeme, die aus einer Gesamtheit geordneter und aufgrund ihrer Eigenschaften miteinander durch Beziehung verknüpfter Elemente bestehen. Ein System ist dadurch gekennzeichnet, daß es von seiner Umgebung abgegrenzt ist,

Interviewmethode

– Direkte Befragung der ausgewählten Stelleninhaber entsprechend der vorgegebenen Problemstellung
– Kein systematisches Vorgehen, Flexibilität in der Fragestellung

Fragebogenmethode

– Benutzung eines der Problemstellung gerecht werdenden Fragebogens
– Rationale Informationserfassung durch einheitlich festgelegtes Schema

Berichtsmethode

– Erstellung eines Berichts durch den Stelleninhaber
– Bezugnahme auf fixierte Punkte, aber keine exakten Fragestellungen

Input-Output-Analyse

– Charakterisierung eines Systems im Hinblick auf die Merkmale, die für dessen Dynamik veranwortlich sind
– Ermittlung aller ein- und ausgehenden Informationen
– Berücksichtigung des Informationssenders, -empfängers, -inhalts, der Informationseigenschaften sowie der Art der
– Informationsverarbeitung

Multimomentaufnahme

– Ableitung von statistisch gesicherten Mengen- oder Zeitangaben aus einer Vielzahl von Momentaufnahmen
– Einhaltung eines genau festgelegten Beobachtungsplanes durch den Systemanalytiker

Selbstaufschreibung

– Ermittlung von Mengen- und Zeitangaben durch den Stelleninhaber selbst

Dokumentationsauswertung

– Auswertung von Dokumentationen durch den Systemanalytiker

Konferenzmethode

– Durchführung eines Gesprächs mit allen wesentlichen Systembeteiligten (maximale Teilnehmerzahl: 10)
– Anwendung vorwiegend bei hochkomplexen, bereichsüberschreitenden oder interdisziplinären Systemen

Abb. 3.2: Ist-Aufnahmetechniken (nach GAST 1985, S.47)

wobei die Verbindung zur Umgebung - die Ein- und Ausgangsgrößen - von der Systemgrenze geschnitten werden. Ein System läßt sich in mehrere Teilsysteme untergliedern. Je nach Zweck können solche Systemunterteilungen mehr oder weniger weit getrieben werden." (PAHL 1981, S. 315). Nach REFA (MLPS Teil 1 1985, S.80) reicht die Vorstellungskraft des Menschen nicht aus, um komplexe Sachverhalte vollständig überschauen zu können. Aus diesem Grund bedient man sich einer vereinfachenden Modellvorstellung, die den Aspekten der Systemtheorie Rechnung tragen. Eine wesentliche Hilfestellung zur Veranschaulichung von Systemen bietet die Aufteilung eines Systems in entsprechende Teilsysteme. Diese Vorgehensweise wird auch von BAHKE (1974, S. 29) bei der Untersuchung komplexer Materialflußsysteme angewandt. Im Rahmen dieser Vorgehensweise postuliert er die Reduzierung stark komplexer Systeme durch vereinfachende Black Box Darstellungen.

Zur Ermittlung der einzelnen Teilsysteme, die im folgenden Funktionsbereiche genannt werden, hat sich die Anwendung der Konferenzmethode als effizientes Instrumentarium erwiesen. Die Beteiligung der Mitarbeiter unterschiedlicher Bereiche des Unternehmens an der Erarbeitung der Anlagengliederung führt zu einer interdisziplinären Lösung der Problemstellung. Zu einer systematischen Ermittlung, welche Mitarbeiter aus welchen Bereichen sinnvolle Ergebnisse zu einer Anlagengliederung beitragen können, ist die Vergegenwärtigung der Phasen eines Anlagenlebenslaufes hilfreich. Nach der Phase der Anlagenplanung und -realisierung kommen die beiden parallel laufenden Phasen der Anlagennutzung (im folgenden Betriebsführung genannt) und der Instandhaltung. Den Abschluß bildet die Verschrottung der Anlage (WARNECKE 1984, S. 584 ff). Diese Überlegung zeigt, daß durch die Beteiligung der verschiedenen Mitarbeiter im wesentlichen aus den Bereichen (REICHERT 1979, S. ff):

- Anlagenplanung,
- Betriebsführung und

- Instandhaltung

die Anlagengliederung zielgerichtet auch unter dem Aspekt der zur Verfügung stehenden Daten durchgeführt werden kann. Hilfreich für eine sinnvolle Gliederung der Anlage in ihre relevanten Funktionsbereiche sind Unterlagen, die entweder den Fertigungsprozeß oder die Funktionalität einer Anlage beschreiben. Diese Unterlagen sind beispielsweise Pläne der Verfahrenstechnik, Materialflußpläne, Baupläne oder Konstruktionszeichnungen oder Instandhaltungsunterlagen.

Um eine anwendergerechte und praktikable Vorgehensweise für den Arbeitsschritt "Anlagengliederung" zu entwickeln, werden die drei o.g. Bereiche hinsichtlich der ableitbaren Ergebnisse analysiert.

Anlagenplanung:

Die Anwendung von bekannten Verfahren der Konstruktionstechnik bietet effiziente Hilfestellungen, um eine gesamte Anlage in ihre relevanten Funktionsbereiche zu gliedern. Nach KOLLER (1985, S. 25 ff) sind in diesem Zusammenhang zwei Erkenntnisse wesentlich:

- Die komplizierten Vorgänge in technischen Systemen können auf eine endliche Zahl von physikalischen, chemischen, biologischen, mathematischen und logischen Grundlagen zurückgeführt werden.
- Diese Grundoperationen können durch physikalische, chemische oder biologische Effekte realisiert werden.

Diese Aspekte, die KOLLER zur Konstruktion von Maschinen und Apparaten benutzt, können analog auf die Anlagenanalyse übertragen werden. Dazu ist eine Anlage zunächst hinsichtlich ihrer Elementarfunktionen zu untersuchen (KOLLER 1985, S. 28). Die einzusetzenden Verfahren sind detailliert von KOLLER (1985, S. 28 ff), EVERSHEIM (Band 2, S. 76 ff) und PAHL (1981, S. 323) beschrieben. Umfangreiche Ausführungen hinsichtlich der Anlagengliederung sind auch von

REICHERT (1979, S. 3) dargestellt worden. REICHERT erwähnt in diesem Zusammenhang das "basic engineering" zur Beschreibung der optimalen Auslegung einzelner Grundoperationen mit den erforderlichen physikalischen und chemischen Angaben. Wegen der Ausführlichkeit der dort zu findenden Darstellungen wird an dieser Stelle auf eine Zusammenfassung der Literatur verzichtet.

Lediglich das Prinzip der hinreichend notwendigen Genauigkeit soll vor dem Hintergrund des zu bestimmenden Personalbedarfs erläutert werden. Die hinreichend notwendige Gliederungstiefe zeigt sich in zwei Aspekten:

- Die einzelnen Funktionsbereiche müssen klar voneinander getrennt werden können.
- Die einzelnen Funktionsbereiche müssen durch produktions- und anlagenbeschreibende Parameter dargestellt werden können.

Wird im Rahmen der Konferenzmethode eine zu weitreichende Gliederungstiefe erarbeitet, sind vom neutralen Systemanalytiker einzelne Komponenten hinsichtlich der o.g. Aspekte zusammenzufassen.

<u>Betriebsführung:</u>

Die aus der Anlagenplanung gewonnenen Erkenntnisse bezüglich der chemischen, physikalischen und biologischen Grundoperationen können im Bereich der Betriebsführung zielgerichtet weiter analysiert werden. Aus der Sicht der Betriebsführung ist ein Fertigungsprozeß in einzelne geschlossene Produktionseinheiten zu gliedern. So entstehen funktionale Wirkungskreise, die getrennt betrachtet werden können. Eine sinnvolle Abgrenzung einzelner Wirkungskreise kann am technischen Prozeß orientiert werden. Gerade bei kontinuierlichen Fertigungsprozessen mit beispielsweise verfahrenstechnischem Charakter können die Grenzen beim Übergang von einem chemischen Teilprozeß zum nächsten Teilprozeß gezogen werden. Damit ist sichergestellt, daß das Produkt einen stabilen und damit definierbaren Zustand erreicht hat, der durch entsprechende Parameter konkret beschrieben werden kann.

Beispiele für die Gliederung von kontinuierlichen Fertigungsprozessen sind von BERNECKER (1980, S. 208 ff), REDEKER (1979, S. 243 ff) und JANISCH (1979, S. 296 ff) dargestellt.

Instandhaltung:

Wesentliche Ergebnisse zur Gliederung einer Anlage können aus den Instandhaltungsunterlagen abgeleitet werden. Insbesondere in den dort eingesetzten Anlagennummerungssystemen werden vielfach drei Aspekte abgebildet (SYSKA 1988, S. 44 ff):

- Identifizierungsaspekt zur eineindeutigen Identifizierung des Instandhaltungsobjektes. Dabei wird als Instandhaltungsobjekt jedes eigenständig instandhaltbare Teil definiert. Damit kann eine komplette Anlage oder ein Anlagenteil bezeichnet werden.
- Klassifizierungsaspekt zur Zusammenfassung von Instandhaltungsobjekten zu gleichartigen Objektenklassen.
- Strukturierungsaspekt zur Einordnung eines Instandhaltungsobjektes in die gesamte Anlagenstruktur.

Gerade die Auswertung des letztgenannten Strukturierungsaspektes führt in der Regel zu einem ersten Ansatz der Anlagengliederung. Dieser Ansatz kann auch für die Planung des Personalbedarfs eingesetzt werden.

Die Auswertung der einzelnen Bereiche zeigt, daß die gesuchte Anlagengliederung "einen Kompromiß zwischen zu starker Vereinfachung und nicht zu bewältigender Komplexität darstellt" (KAMP u.a. 1974, S. 86). In der Abbildung 3.3 sind die einzelnen Ergebnisse aus den berücksichtigten Unternehmensbereichen aufgeführt. Ebenfalls ist in dieser Abbildung die Problematik einer zu weitreichenden Gliederungstiefe betrachtet. Beispielsweise sind dabei die Funktionsbereiche 2 und 3 zu einem übergeordneten Funktionsbereich B zusammengefaßt. Diese Aggregation fördert die Reduzierung der Komplexität und die Einheitlichkeit der Abgrenzung.

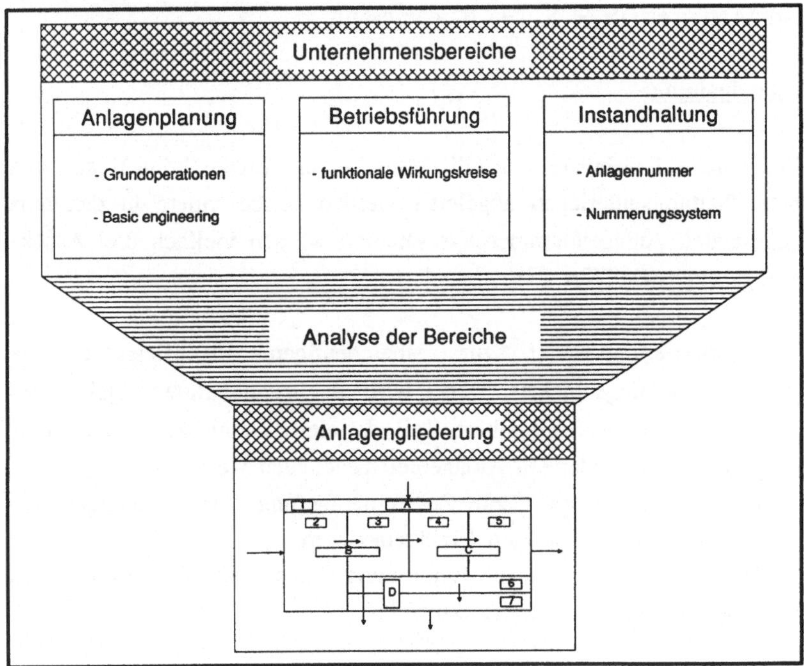

Abb. 3.3: Vorgehensweise zur Ableitung einer Anlagengliederung

3.1.2 Sachlogische Ableitung der Einflußgrößen

Die zuvor abgeleiteten Funktionsbereiche einer Anlage stellen die Basis für die folgenden Ausführungen dar. Die verschiedenen Einflußgrößen werden grundsätzlich aus einer getrennten Bilanzierung der einzelnen Funktionsbereiche bestimmt. Damit wird jeder Funktionsbereich zunächst isoliert betrachtet. Erst im abschließenden Arbeitsschritt werden bei der Konzeption des Soll-Zustandes die getrennten Funktionsbereiche wieder zusammengefaßt, so daß die Gesamtbetrachtung einer Anlage möglich wird.

"Jedes komplexe Gebilde weist unendlich viele Eigenschaften oder Dimensionen auf, von denen für eine bestimmte Problemstellung immer nur eine begrenzte Anzahl wichtig ist. Entscheidend ist daher, daß aus einer Vielzahl vorhandener oder möglicher Eigenschaften die für den jeweiligen Untersuchungszweck relevanten Eigenschaften oder Dimensionen ausgewählt werden" (KIESER u.a. 1983, S. 71)[1]. Die sachlogische Auswahl der Einflußgrößen ist ein kritisches Problem, da fehlende Einflußgrößen bei der nachfolgenden Datenauswertung nicht mehr als wichtig erkannt werden können, unabhängig davon, ob sie objektiv relevant sind oder nicht (KIESER u.a. 1983, S.73). Dabei ist jedoch zu berücksichtigen, daß eine Methode zur vollständigen Erfassung aller wesentlichen Merkmale nicht existiert (vgl. KNOBLICH 1969, S.31; GROSSE-OETRINGHAUS 1974, S. 50 ff). Deshalb kann nur eine systematische Vorgehensweise bei der Ermittlung und Auswahl der relevanten Einflußgrößen sicherstellen, daß mit hoher Wahrscheinlichkeit keine grundlegenden Einflußgrößen unberücksichtigt bleiben. Eine Berücksichtigung aller Einflußgrößen ist auch nicht sinnvoll, da diese Vorgehensweise zu einem nicht mehr praktikablen Instrumentarium führen würde (SCHNABEL 1975, S. 30). Diese Aussagen weisen auch heute noch Gültigkeit auf (FÖRSTER 1988, S. 46).

In Anlehnung an HEINISCH u.a. (1973, S. 46) sollen zunächst sachlogisch die in Frage kommenden Einflußgrößen bestimmt und erhoben werden. Mit Hilfe von statistischen Untersuchungen kann dann die Abhängigkeit der Zielgröße von den relevanten Einflußgrößen quantifiziert werden. Darauf aufbauend können dann unwichtige Einflußgrößen

---

[1] In der vorliegenden Arbeit werden die Begriffe Eigenschaft und Dimension durch den Begriff Einflußgröße ersetzt.

konkret unberücksichtigt bleiben oder weitere Größen zusätzlich erhoben werden.

Eine zielgerichtete sachlogische Ableitung der wesentlichen Einflußgrößen erfordert zunächst die Definition des Problemfeldes. Die Zielsetzung dieser Arbeit besteht in der Ermittlung von Einflußgrößen anhand derer der Personalbedarf für kontinuierliche Fertigungsprozesse abgeleitet werden kann. Wesentliche Basis bildet dabei die eingesetzte Fertigungsanlage. Unter diesen Prämissen sind der Fertigungsprozeß und die zur Anwendung kommende Fertigungsanlage mit ihren problemrelevanten Faktoren zu analysieren. Nach TRUCKENBRODT (1980, S.19) wird ein Prozeß durch folgende Status beschrieben:

- der Zustand Z1 zu Beginn des Prozesses,
- der Zustand Z2 am Ende des Prozesses und
- die Zustandsänderung von Z1 nach Z2.

Dabei sind die vier Produktionsparameter (vgl. GUTENBERG 1976, S. 3):

- Anlage,
- Personal,
- Material und
- Information

zu untersuchen. Zusätzlich zu diesen Komponenten führt BRESSER (1985, S. 30) den Aspekt der Umwelt als grundsätzlichen Betrachtungsgegenstand mit in die Bilanz ein.

REFA (MLA Teil 1 1984, S. 93) betrachtet einen Fertigungsprozeß als Arbeitssystem. Obwohl auch REFA zu den oben dargestellten Komponenten kommt, soll dieser Ansatz kurz skizziert werden. Diese Darstellungen führen im Detail zu Erkenntnissen, die bei der späteren Ableitung von konkreten Einflußgrößen hilfreich sind. In dem REFA-Ansatz dienen Arbeitssysteme "der Erfüllung von Arbeitsaufgaben; hierbei wirken Menschen und Betriebsmittel mit der Eingabe unter Umwelteinflüssen zusammen." Diese Arbeitssysteme werden mit den folgenden Systembegriffen charakterisiert:

- Arbeitsaufgabe,
- Arbeitsablauf,
- Eingabe,
- Ausgabe,
- Mensch,
- Betriebsmittel bzw. Anlage und
- Umwelteinflüsse.

Die Arbeitsaufgabe kennzeichnet den Zweck des Arbeitssystems. Der Arbeitsablauf beschreibt die einzelnen Durchführungsschritte zur Erreichung der in der Arbeitsaufgabe definierten Zielsetzung. Die Eingabe in das Arbeitssystem besteht im wesentlichen aus Personalkapazität, Materialkapazität und Informationen. Die Ausgabegrößen sind die im Sinne der Arbeitsaufgabe veränderten Eingabegrößen. Mensch und Betriebsmittel sind die Kapazitäten des Arbeitssystems, mit denen eine Eingabegröße in eine Ausgabegröße überführt wird. Die Umwelteinflüsse, differenziert nach physikalischen, organisatorischen sowie sozialen Aspekten, wirken auf das Arbeitssystem.

Nach diesen Ausführungen stellt sich für die Ableitung der Einflußgrößen die Input-Output-Analyse als anwendungsgerechtes Hilfsmittel dar. Die Input-Output-Analyse ermöglicht den Vergleich zwischen dem Input und dem Output aus einem bilanzierten System. Veränderungen der Ausgangsgrößen gegenüber den Eingangsgrößen lassen Rückschlüsse auf die Funktionen des Systems zu (vgl. GROCHLA u.a. 1977, S. 19).

Ähnliche Gliederungen eines Fertigungsprozesses wurden auch von EVERSHEIM (Band 4 1989, S. 6) und WARNECKE (1984, S. 443) durchgeführt. Dabei sieht EVERSHEIM die Aufgabe eines Fertigungsprozesses in der Umwandlung von Rohmaterialien und Halbzeugen in Fertigteile unter Einsatz des vorhandenen Produktionspersonals. Die Elemente des Produktionsprozesses sind auch in der Betrachtung von EVERSHEIM analog zu den zuvor dargestellten Betrachtungen.

Mit diesen Überlegungen ergibt sich das in Abbildung 3.4 dargestellte Gesamtmodell, welches im Rahmen der weiteren Betrachtung genauer zu spezifizieren ist.

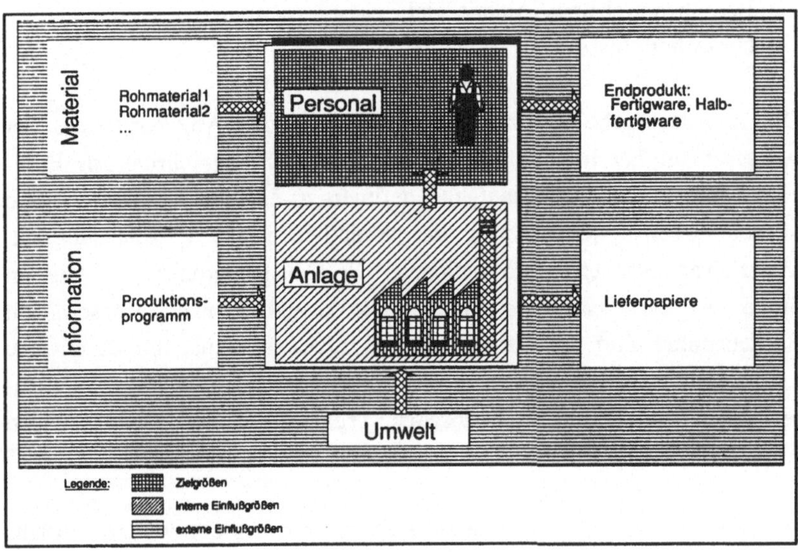

Abb. 3.4: Darstellung eines Fertigungsprozesses

Bevor die einzelnen Bereiche im Detail untersucht werden, können die Bereiche "Personal", "Information" und "Umwelt" grundsätzlich betrachtet werden.

Personal:

Mit der Aufgabenstellung, eine anlagenorientierte Personalbedarfsplanung zu konzipieren, wird deutlich, daß die Komponente Personal innerhalb der Betrachtung eine Zielgröße darstellt. Sie ist also in Abhängigkeit von den verbleibenden Größen zu beurteilen.

Information:

Nach REFA (MLA Teil 11984, S. 99) sind Informationen "Daten, die Abläufe auslösen oder zu ihrer Ausführung beitragen". Weiter ausgeführt wird diese Definiton in REFA (MLPS Teil 1 1985, S. 163): "Unter einer Information wird im allgemeinen eine Nachricht verstanden, die eine für den Empfänger wesentliche Aussage enthält." Demnach führt die Berücksichtung des Parameters Information oder des eingesetzten Informationssystem zu einer Betrachtung und Analyse der Arbeitsabläufe. Im Rahmen dieser Arbeit soll jedoch dem anlagenorientierten Ansatz gegenüber dem die Arbeitsabläufe beschreibenden tätigkeitsorientierten Ansatz den Vorzug gegeben werden. Die Betrachtung des Informationssystem, welches ausführlich in GAST (1985, S. 11) beschrieben wird, ist grundsätzlich erforderlich bei der Abschätzung des Aufwandes für dispositive Tätigkeiten. Für die Ermittlung des operativen Personalaufwandes soll vorausgesetzt werden, daß alle erforderlichen Informationen für eine optimale Durchführung der Arbeitsaufgabe bereitgestellt werden. Diese Forderung stellt wesentliche Anforderungen an die dispositiven Bereiche, die jedoch nicht Gegenstand dieser Untersuchung sind.

Umwelt:

Unter Umweltmerkmalen sollen nach BRESSER (1985, S.30) "solche, das betriebliche Geschehen beeinflussende Größen verstanden werden, die außerhalb des Unternehmens festgelegt und von diesem nicht beeinflußbar sind."

Da im Rahmen dieser Arbeit die Anlage als wesentlicher Betrachtungsgegenstand untersucht werden soll, werden die Umweltmerkmale, die im wesentlichen aus Wirtschaft und Gesellschaft abgeleitet werden können, durch entsprechende Anlagenparameter beschrieben. Durch diese Beschreibung werden die Umweltmerkmale indirekt mit in die Betrachtung einbezogen. Sie sollen jedoch nicht explizit hervorgehoben werden.

Die dargestellten Ausführungen belegen, daß im folgenden nur noch die Parameter Anlage und Material zu untersuchen sind. Vor dem Hintergrund der Zielsetzung dieser Arbeit, die in der Ableitung einer anlagenorientierten Vorgehensweise zu sehen ist, werden die Einflußgrößen zwei Gruppen zugeordnet. In Anlehnung an BRESSER (1985, S.29) und KAMP u.a. (1974, S. 69) werden dabei die internen Einflußgrößen von den externen Einflußgrößen unterschieden. Dabei werden die internen Einflußgrößen aus der Anlage bzw. deren Funktionsbereichen abgeleitet. Demgegenüber lassen sich externe Einflußgrößen aus einer Betrachtung des Materialflusses ermitteln.

3.1.2.1 Ableitung der internen Einflußgrößen

Zur Ableitung der internen Einflußgrößen ist eine Betrachtung der Anlage notwendig. Nach Gutenberg (1976, S. 71 ff) hängt die Produktivität einer Anlage von vielen Einzelfaktoren ab. Drei von diesen Faktoren bestimmen wesentlich die Leistungsfähigkeit der Anlage:

- der Grad der Modernität,
- der Abnutzungsgrad und
- der Zustand der Betriebsfähigkeit.

Bei der Darstellung der einzelnen Punkte erkennt GUTENBERG die Interdependenz zwischen den Punkten "Betriebsfähigkeit" und "Abnutzungsgrad". Dieser selbstsprechende Zusammenhang führt wegen der geforderten Redundanzfreiheit der zu ermittelnden Einflußgrößen zu dem Entschluß, in der weiteren Untersuchung nur den Abnutzungsgrad detailliert zu analysieren.

BAHKE (1974, S. 69) erweitert diese Anlagenbetrachtung um den Punkt Energie.

Folgende Punkte, die aus einer umfangreichen Literaturrecherche und vielen Expertengesprächen abgeleitet werden konnten, beeinflussen ebenfalls den Personalbedarf:

- die Anlagenkompaktheit,
- das eingesetzte Überwachungskonzept,
- der Auslastungsgrad und
- der Automatisierungsgrad einer Anlage.

In den folgenden Ausführungen werden die angeführten Punkte in alphabetischer Reihenfolge detailliert dargestellt und hinsichtlich ihrer Brauchbarkeit als Einflußgröße untersucht. An dieser Stelle sei nochmals auf die eingangs dargestellten Anforderungen "Objektivität" und "Praktikabilität" des zu entwickelnden Verfahrens hingewiesen. Gerade diese beiden Punkte bestimmen wesentlich die Wahl und Gestaltung einer Einflußgröße.

Abnutzungsgrad:

Der Abnutzungsgrad ergibt sich aus dem Verhältnis des Abnutzungsvorrates zum Zeitpunkt der Installation der Anlage und dem Abnutzungsvorrat zum Betrachtungszeitpunkt. Dabei ist der Abnutzungsvorrat nach DIN 31051 (1985) wie folgt definiert: "Im Sinne der Instandhaltung (ist der Abnutzungsvorrat der; Anm. d. Verf.) Vorrat der möglichen Funktionserfüllung unter festgelegten Bedingungen, der einer Betrachtungseinheit (z.B. einer Anlage; Anm. d. Verf.) aufgrund der Herstellung oder der Wiederherstellung innewohnt."

Der Abnutzungsgrad wird durch den Umfang der Anlagennutzung und der mehr oder weniger intensiven Instandhaltung beeinflußt. Anlagen mit hohem Auslastungsgrad, die instandhaltungsmäßig nicht berücksichtigt werden, weisen einen deutlich höheren Abnutzungsgrad auf als Anlagen, die umfangreich instandgehalten werden. Die Betriebsfähigkeit einer Anlage korreliert mit deren Abnutzungsgrad. Bei einem Abnutzungsgrad, der außerhalb einer zulässigen Toleranzgrenze liegt, ist die entsprechende Anlage nicht mehr betriebsfähig. Die Beobachtung dieses Zustandes ist Aufgabe von Inspekteuren oder zuverlässigen Inspektionseinrichtungen.

Die Durchführung dieser kostenintensiven Beobachtungen zur Abschätzung des Einflusses des Parameters "Abnutzungsvorrat" führt zur wesentlichen Einschränkung hinsichtlich der Praktikabilität und Wirtschaftlichkeit des zu entwickelnden Verfahrens. In diesem Zusammenhang ist zu beachten, daß entsprechende Einrichtungen zur Quantifizierung des Abnutzungsvorrates auch bei instandhaltungsintensiven Anlagen nicht zum Stand der Technik gehören. Diese Überlegungen führen zum Ausschluß des Kriteriums Abnutzungsgrad aus der weiteren Betrachtung.

Anlagenkompaktheit:

Nach WARNECKE (1984, S. 3 f) ist eine wesentliche Eigenschaft eines Systems seine Komplexität. Im Zuge der deutlichen Zunahme der Anlagenkomplexität (WEINGÄRTNER, 1988, S. 1) darf dieses Kriterium auch bei der Beschreibung einer Anlage nicht außer Acht gelassen werden. Da die Komplexität im eigentlichen Sinne eine nicht quantifizierbare Größe darstellt, müssen Faktoren erarbeitet werden, die diesen Parameter zielgerichtet zur Personalbedarfsplanung quantitativ charakterisieren.

Im Rahmen der praktischen Anwendung des Verfahrens hat sich erwiesen, daß das Verhältnis von Fertigungsmenge zu Anlagenfläche eine sinnvolle Kennzahl zur Umschreibung der Anlagenkomplexität darstellt.

Da diese Verhältniszahl originär die kompakte Bauweise einer Anlage beschreibt und nur eine indirekte Aussage über deren Komplexität zuläßt, soll in den folgenden Ausführungen der Begriff Anlagenkompaktheit verwendet werden.

Auslastungsgrad:

Zur Planung des Personalbedarfs wird der Auslastungsgrad definiert als das Verhältnis der theoretisch möglichen Fertigungskapazität zur tatsächlichen Fertigungsmenge. Dabei ergibt sich die theoretische Fertigungskapazität des jeweiligen Funktionsbereiches einer Anlage aus den entsprechenden Planungsunterlagen. Die tatsächliche Fertigungsmenge ist in der Regel in den Produktionsprogrammunterlagen dokumentiert.

Die grundsätzliche Abhängigkeit des Personalbedarfs vom Auslastungsgrad wurde auch von EVERSHEIM (1989, S.291) erkannt. Der funktionale Zusammenhang zwischen diesen Komponenten ist jedoch nicht weiter untersucht worden.

Automatisierungsgrad:

Nach PFENNIG (1988, S. 45) liegen zum Begriff der Automatisierung in der Literatur eine Fülle von Definitionen vor. Der Automatisierungsgrad einer Anlage oder eines Funktionsbereiches beschreibt im wesentlichen die Unterstützung des Menschen bei der Durchführung von Tätigkeiten mit hohem Wiederholcharakter. Trotz der Vielzahl der Literaturstellen zu dieser Thematik ist die Bestimmung des Automatisierungsgrades nur für spezielle Problemstellungen gelungen (z.B. PFENNIG 1989). In diesem Zusammenhang erwähnt Koch (1970, S. 13): "Die Angabe eines Automatisierungsgrades ohne genaue Kenntnis des Bereiches, auf den er sich bezieht, hat keine besonderen Aussagewert". Damit wird deutlich, daß auch die Ableitung von Kriterien zur Bestimmung des Automatisierungsgrades nur am konkreten Beispiel vorgenommen werden kann. Beispielhaft bestimmt NITZSCHE (1987) als Maß für die Unterstützung der NC-Programmierung durch einen Hilfsmitteleinsatz den Automatisierungsgrad durch die speziellen Indikatoren:

- Unterstützung der Geometriedatenermittlung,
- Unterstützung der Technologiedatenermittlung und
- Unterstützung der Programmkontrolle.

Dieses Beispiel verdeutlicht, daß die Bestimmung des Automatisierungsgrades immer vor dem Hintergrund des konkreten Anwendungsfalls abgeleitet werden muß. Grundsätzlich kann nach GUTENBERG (1976, S. 107) festgehalten werden, daß bei kontinuierlicher Fertigung immer ein hoher Automatisierungsgrad aus wirtschaftlichen Gründe angestrebt wird. Zu diesem Ergebnis kommt auch DOLEZALEK u.a. (1981, S. 130 ff).

Energie:

Die Bilanzierung einer Anlage verdeutlicht, daß neben den zu- und abfließenden Materialströmen die Energie eine wesentliche Voraussetzung für den Fertigungsprozeß darstellt. Dabei kennzeichnet der Stromverbrauch die Größenordnung der eingesetzten Maschinen. Die Anzahl der Maschinen steht in einem direkten Zusammenhang mit dem Personalbedarf. Dieser Zusammenhang ist insbesondere dadurch gegeben, daß bei kontinuierlichen Fertigungsprozessen die einzelnen Tätigkeiten im wesentlichen aus dem Überwachen, dem Steuern und Regeln und dem Instandhalten bestehen. Dabei läßt sich leicht erkennen, daß der Umfang der eingesetzten Maschinen den Aufwand für diese Tätigkeiten direkt beeinflußt.

Modernität:

Bei der Betrachtung der Anlagenmodernität wird unterstellt, daß die Leistungsfähigkeit neuzeitlicher Anlagen größer ist, als die Leistungsfähigkeit der Anlagen, die dem Stand der Technik nicht entsprechen.

Dazu kann die Modernität einer Anlage durch quantifizierbare und nicht quantifizierbare Faktoren beschrieben werden. Nicht quantifizierbare Faktoren stellen sich

- im äußeren Erscheinungsbild und
- in der Betrachtung des Entwicklungsstandes

dar. Beide Parameter können nur subjektiv und mit hohem Interpretationsgehalt eingeschätzt werden. Eine Quantifizierung der Modernität wird vielfach über

- das Anlagenalter oder
- die Höhe der Investitionssumme

versucht. Beim Anlagenalter kann auf keinen Fall das Jahr der ersten Inbetriebnahme angesetzt werden, da dann alle Umbaumaßnahmen, die das reale Alter der gesamten Anlage beeinflussen, unberücksichtigt bleiben. Das reale Alter setzt sich demzufolge aus den Einzelaltern der Objekte einer Anlage zusammen. Dies führt zu einem aufwendigen und nicht mehr praktikablen Verfahren zur Abschätzung dieses Parameters. Die Ermittlung der Investitonsmaßnahmen, die die Modernität beeinflussen, wird durch die unzureichende Dokumentation in der Anlagenbuchhaltung erschwert. Umfangreiche Instandhaltungsmaßnahmen, die einen signifikanten Einfluß auf die Modernität der Anlage besitzen, werden in den zur Verfügung stehenden Unterlagen nicht erfaßt.

Wegen der gravierenden aufgezeigten Probleme wird die Modernität als eigenständige Einflußgröße nicht weiter betrachtet. Einzelne Aspekte der Modernität einer Anlage, wie beispielsweise die Konzeption der Anlagenüberwachung, werden jedoch weiter aufgeführt und gesondert untersucht.

Überwachungskonzept:

Nehmen bei kontinuierlichen Fertigungsprozessen die Überwachungstätigkeiten eine wesentliche Bedeutung an, ist die Organisation dieser Tätigkeiten als relevante Einflußgröße zu betrachten. Der Aufbau einer Stelle beispielsweise nach dem Vorbild eines Fertigungsleitstandes zur weitestgehenden Zentralisation der Überwachungstätigkeiten hat wesentliche Auswirkungen auf die Höhe des erforderlichen Personalaufwandes. Gerade bei räumlich weit auseinanderliegenden Überwachungsaggregaten kommt der Zusammenführung der wesentlichen Signale - als Bild- oder Meßsignal - eine besondere Bedeutung zu. Eine ausführliche Darstellung eines Überwachungskonzeptes findet man bei EVERSHEIM (Band 4 1989, S. 117 ff). Die wesentlichen Vorteile eines Überwachungskonzeptes stellen sich dort in folgenden Punkten dar:

- frühzeitiges Erkennen von Fehlern bzw. Anlagenausfällen und
- genaue Fehlerlokalisation.

Diese Punkte führen neben einer Erhöhung der Anlagenverfügbarkeit zu einer Reduzierung des Instandhaltungsbedarfs.

Die Einflußgröße "Überwachungskonzept" ist jedoch im Gegensatz zu den übrigen Einflußgrößen nicht quantifizierbar. Um den Informationsgehalt trotzdem auf einem möglichst hohen Niveau zu führen, sind für diese Einflußgröße entsprechende Ausprägungsstufen zu definieren. Auf der Basis der zuvor durchgeführten Überlegungen können die Ausprägungsstufen "zentral" oder "dezentral" formuliert werden. Damit ist eine Anlage oder ein Funktionsbereich einer dieser Ausprägungsstufen zuzuordnen.

3.1.2.2 Ableitung der externen Einflußgrößen

Die Beschreibung der externen Einflußgrößen wird analog zu der Darstellung der internen Einflußgrößen durchgeführt. Nach den vorangegangenen Überlegungen ergeben sich die externen Einflußgrößen aus der Komponente "Material". Diese Komponente muß unter den Aspekten:

- Quantität und
- Qualität

beschrieben werden.

Quantität:

Der quantitative Aspekt des Materials beschreibt die Menge des zu verarbeitenden Materials. Dabei stellt die Kennzahl "Personalaufwand" zu "Fertigungsmenge" in vielen Unternehmen einen gängigen Anhaltswert zur Durchführung unterschiedlichster Planungsfunktionen dar. Dieser Sachverhalt wurde schon von FUCHS (1974, S.91 f) erkannt und ausführlich dargestellt. Da die Fertigungsmenge als Synonym für die Materialmenge eine objektiv zu quantifizierende Größe darstellt und darüberhinaus einfach zu ermitteln ist, wird sie als Einflußgröße auf den Personalaufwand weiterhin berücksichtigt.

Bei der konkreten Ermittlung der Mengenströme ist eine genaue Bilanzierung der einzelnen Funktionsbereiche der Anlage unter Berücksichtigung der Kontinuitätsgleichung besonderer Wert beizumessen. Mit diesen Überlegungen können die ein- und ausgehenden Ströme untersucht werden, wobei Produkte aus getrennten Materialströmen eventuell eigenständige Einflußgrößen darstellen. Dieser Einfluß entsteht dadurch, daß das abgespaltete Produkt zu einem zusätzlichen Personalaufwand führt, der ohne diese Trennung nicht erforderlich ist. Beispielsweise entstehen durch Abfallprodukte weitere Tätigkeiten im Bereich der Entsorgung, die gesondert zu berücksichtigen sind.

Qualität:

Die Qualität eines Materialstromes wird in der Literatur üblicherweise als Fertigungsqualität bezeichnet. Die Ermittlung der Qualtität muß prozeßabhängig durchgeführt werden. Beispielsweise zeichnet sich bei der Erdgasaufbereitung die Qualität des Endproduktes durch einen möglichst geringen Schwefelwasserstoffgehalt aus. Die Quantifizierung dieser Komponente ist in diesem Fall durch einen Vergleich des Schwefelwasserstoffgehaltes zu Beginn und nach Abschluß des Prozesses möglich. Auf diese Weise wird die Reinigungsleistung einer Anlage als Größe zur Beschreibung der Produktqualität eingesetzt. Instrumente zur Überwachung der Produktqualität - sogenannte Qualitätsaudits - werden von EVERSHEIM (Band 3 1989, S. 98 f) beschrieben. Die Interpretation dieser Ausführungen zeigt, daß Konzepte zur Sicherung der Produktqualität Analogien zu Konzepten zur Überwachung des Produktionsprozesses aufweisen. Insofern existieren voraussichtlich Interdependenzen zwischen den Einflußgrößen "Qualität" und "Überwachungskonzept". Die mathematische Analyse im Anwendungsteil dieser Arbeit wird aufzeigen, wie die Produktqualität den Personalbedarf im einzelnen beeinflußt.

3.1.2.3 Ermittlung des Skalierungstypes

Für die Durchführung von statistischen Untersuchungen ist zur Wahl eines geeigneten mathematischen Verfahrens die Betrachtung der Skalierung der Einflußgrößen und der Zielgrößen wesentlich.

Nach BAMBERG, BAUR (1987, S. 6 f) sind im wesentlichen drei Skalierungstypen zu unterscheiden:

- Bei nominal skalierten Merkmalen können die einzelnen Merkmale lediglich voneinander unterschieden werden.
- Bei ordinal- oder rangskalierten Merkmalen können die einzelnen Merkmale vor dem Hintergrund einer spezifischen Problemstellung in einer Rangreihe geordnet werden.
- Bei kardinal skalierten Merkmalen kann über die Reihenfolge hinaus festgestellt werden, wie stark sich zwei Merkmale voneinander unterscheiden.

Der Informationsgehalt eines Merkmales hängt von seiner Skalierung ab. Nominal skalierte Merkmale weisen den geringsten Informationsgehalt auf, kardinal skalierte Merkmale besitzen den höchsten Informationsgehalt.

Im Rahmen dieser Arbeit werden weitestgehend kardinal skalierte Einflußgrößen betrachtet. Bespielsweise können die Größen "Energie", "Fertigungsmenge" oder "Auslastungsgrad" direkt quantifiziert werden. Sie stellen somit kardinal skalierte Größen mit höchsten Informationsgehalt dar. Vor dem Hintergrund der kardinal skalierten Zielgroße "Personalbedarf" vereinfacht die Betrachtung eines gleichartigen Skalierungstyps auf der Seite der Einflußgrößen wesentlich das zur Auswertung heranzuziehende mathematische Verfahren. Die eingangs geforderte Praktikabilität des Verfahrens wird damit deutlich verbessert. Weiterhin stellt sich bei diesem Skalierungstyp in der Regel nicht das Problem der Einordnung eines Untersuchungsobjektes in die jeweilige Ausprägungsstufe wie dies bei ordinal oder nominal skalierten Größen der Fall ist. Damit wird die Objektivität der Verfahrens erhöht.

Trotzdem sind auch ordinale Größen mit in die Betrachtung einzubeziehen. Die Einflußgröße "Überwachungskonzept" kann weiter in die Ausprägungsstufen "zentral" und "dezentral" differenziert werden. Da die Existenz eines Leitstandes die Zielgröße "Personalbedarf" beeinflussen wird, können diese Ausprägungsstufen in eine für den Betrachtungsfall sinnvolle Reihenfolge geordnet werden. Es handelt sich demzufolge um eine ordinale Einflußgröße.

Die Betrachtung einer ordinal skalierten Einflußgröße und einer kardinal skalierten Zielgröße ist wegen des unterschiedlichen Skalierungstyps problematisch. Die Transformation von Daten einer höheren Skala auf ein niedrigeres Niveau ist grundsätzlich möglich. Dabei ist jedoch zu beachten, daß diese Übertragung immer mit einem Informationsverlust verbunden ist. Umgekehrt kann die Transformation von einem niedrigeren Niveau nur mit zusätzlichen Informationen durchgeführt werden (NITZSCHE 1987, S. 58). Dieses Problemfeld ist im Rahmen der Anwendung der mathematisch-statistischen Verfahren gesondert zu betrachten und in das Gesamtkonzept zu integrieren.

3.1.3 Datenerhebung

Die Grundlage einer anlagenorientierten Vorgehensweise basiert neben den zuvor dargestellten Arbeitsschritten auf einer zielorientierten Datenerhebung. Solche Daten können grundsätzlich über die in Abbildung 3.5 dargestellte Vorgehensweise gewonnen werden.

Bei der Fallstudie und der vergleichenden Feldstudie (auch Querschnittanalyse genannt) werden Daten, die zu einem bestimmten Zeitpunkt erhoben sind, erfaßt und analysiert. Die Fallstudie beschränkt sich auf ein Objekt und ermöglicht deswegen keine globale Analyse systematischer Beziehungen zwischen den Untersuchungsobjekten, weil zeitliche und sachliche Vergleichsmaßstäbe fehlen. Die vergleichende Feldstudie bezieht sich dagegen auf mehrere Untersuchungsobjekte. Dabei kann nur ein Vergleich von verschiedenen Objekten zum gleichen Zeitpunkt vorgenommen werden (KUBICEK 1975, S. 58 ff).

Stichproben-umfang / Zeitlicher Umfang	Eine Untersuchung	Mehrere Untersuchungen
Ein Zeitpunkt	Fall-Studie	Vergleichende Feldstudie
Mehrere Zeitpunkte	Singuläre Längsschnitt-analyse	Multiple Längsschnitt-analyse

Abb. 3.5: Methoden der Datenerhebung (Quelle: KUBICEK 1975, S. 62, STRACK 1982, S. 36 f)

Während bei einer singulären Längsschnittanalyse ein Objekt zu mehreren Zeitpunkten untersucht wird, werden bei der multiplen Längsschnittanalyse mehrere Objekte an mehreren Zeitpunkten beobachtet. Dabei können vor allem unterschiedliche betriebliche Gegebenheiten gleichzeitig berücksichtigt werden. Die multiple Längsschnittanalyse ist also eine dynamische Betrachtungsweise, die vergleichende Aussagen über ein Systemverhalten mit dem größten Informationsgehalt gegenüber den anderen drei Erhebungstechniken erlaubt (KUBICEK 1975, S. 62). Falls aufgrund unternehmensspezifischer Randbedingungen die Möglichkeit besteht, eine Erhebung an mehreren Objekten zu mehreren Zeitpunkten mit wirtschaftlich zu vertretendem Aufwand durchzuführen, sollte das Verfahren der multiplen Längsschnittanalyse den übrigen Methoden vorgezogen werden.

3.1.3.1 Erhebung der Zielgrößen

Die Zielsetzung der zu erarbeitenden Vorgehensweise liegt in der Ermittlung des Personalbedarfs für die operativen Tätigkeiten. Der Personalbedarf kann direkt über den erforderlichen Stundenaufwand operationalisiert werden. Aufgrund dieser Überlegung stellt der Stundenaufwand die zu erhebende Zielgröße dar. Die Zielgröße Stundenaufwand muß auf der Basis der Anlagengliederung für jeden Funktionsbereich erhoben werden.

Da bei kontinuierlichen Fertigungsprozessen die operativen Tätigkeiten im wesentlichen in den Bereichen Betriebsführung und Instandhaltung liegen, wird die Stundenerfassung zusätzlich nach diesem Kriterium differenziert. Dabei hat sich eine weitere Unterteilung der Instandhaltungstätigkeiten nach DIN 31051 in Wartungs- und Inspektionstätigkeiten und Instandsetzungtätigkeiten als sinnvoll erwiesen. Durch diese Aufteilung kann der voraussichtlich stark schwankende Anteil der Instandsetzungsstunden von den kontinuierlich anfallenden Wartungs- und Inspektionsanteilen getrennt werden. Weiterhin ermöglicht diese Tätigkeitsaufteilung die Abbildung einer integrierten Aufgabenverteilung. Diese Form der Aufgabenverteilung ist heute schon bei kontinuierlichen Fertigungsprozessen anzutreffen und wird zukünftig verstärkt Einzug in die Arbeitswelt nehmen, da vielfach Wartungs- und Inspektionstätigkeiten vom Anlagenpersonal direkt mit übernommen werden (SENT 1990, S. 14).

Weiterhin ist zu bedenken, daß diese Tätigkeitsdifferenzierung nicht nur Rückschlüsse auf den quantitativen Personalbedarf zuläßt, sondern weitergehend auch qualitative Aspekte berücksichtigt werden können. Dieser qualitative Ansatz ermöglicht übergreifende Planungsvorgaben, so daß Fragestellungen folgender Art beantwortet werden können:

- Wie hoch ist der Betriebsführungs-, Wartungs- und Instandsetzungsaufwand bei einem vorgegebenen Fertigungsprozeß auf einer konkreten Anlage?
- Wie wirkt sich eine Variation des Fertigungsprozesses auf die einzelnen Bedarfsarten aus?

Die Aufnahme dieser einzelnen Stundenanteile wird über eine Selbstaufschreibung mit einem standardisierten Erfassungsbogen durchgeführt. Dieser Erfassungsbogen ist in der Abbildung 3.6 dargestellt.

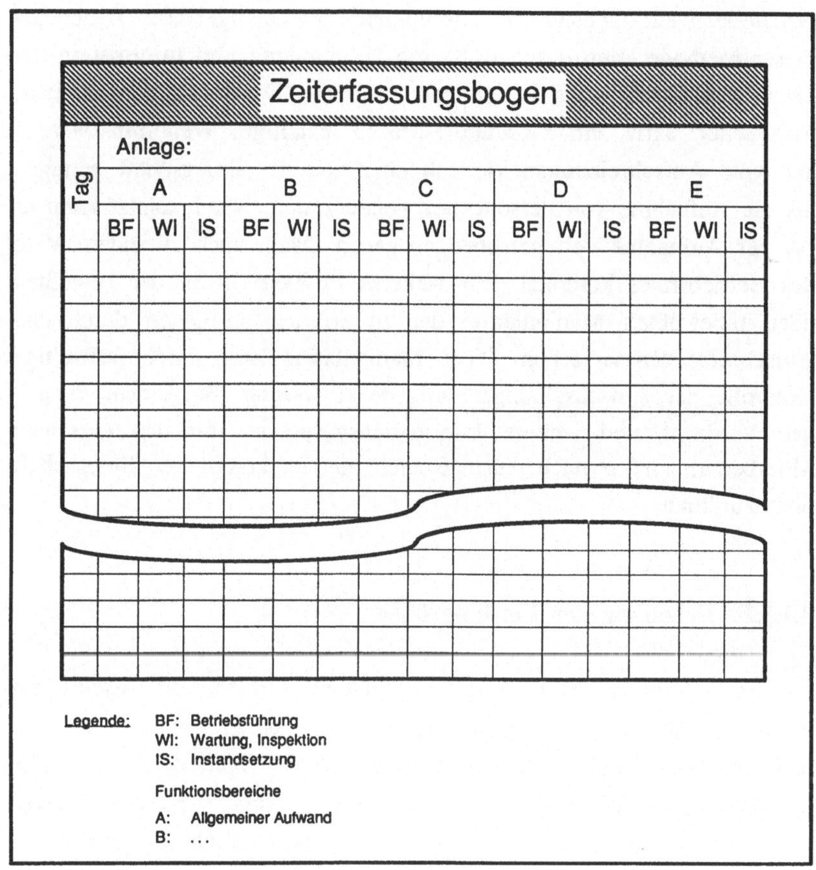

Abb. 3.6: Erfassungsbogen für die Aufnahme von Stunden

Der wesentliche Vorteil einer Selbstaufschreibung ist in der Datenerhebung durch den Stelleninhaber selbst zu sehen (GAST 1985, S. 49). Die Nachteile dieser Ist-Aufnahmetechnik liegen zum einem in dem oft erheblichen Widerstand gegen diese Form der schriftlichen Erfassung und zum anderen in der Möglichkeit der bewußten Manipulation der abgegebenen Daten. Um mit der aufgenommenen Datenbasis das tatsächliche Betriebsgeschehen möglichst korrekt aufzunehmen, sind diese Nachteile weitestgehend zu eliminieren. Die mangelhafte Akzeptanz dieser Methode kann durch frühzeitige Einbindung und Information der betroffenen Mitarbeiter unterbunden werden. Damit werden einzelne Mitarbeiter aktiv am Gestaltungsprozeß beteiligt. Weiterhin werden anonyme Aufschreibungen vielfach eher von der Belegschaft getragen als die Aufnahme von personenbezogenen Daten. Nicht zuletzt kann es bei der Aufnahme von personenbezogenen Daten auch zu einem Veto des Betriebsrates kommen. Ein weiteres Problem ist in der bewußten oder unbewußten Manipulation der zu erfassenden Daten durch den Aufschreibenden zu sehen. Diese Manipulation kann durch frühzeitige Kontrolle der Aufschreibungen aufgedeckt werden. Bei einem derartigen Verdacht sind weitere Informationsgespräche mit den einzelnen Mitarbeitern und je nach Ausmaß auch mit der kompletten Belegschaft durchzuführen.

3.1.3.2 Erhebung der Einflußgrößen

Die Einflußgrößen, die sachlogisch abgeleitet worden sind, werden mit einem standardisierten Fragebogen erhoben. Dieses Formular muß untersuchungsspezifisch konzipiert werden. Darum sind an dieser Stelle nur einige Ausführung zur grundsätzlichen Vorgehensweise der Datenerhebung für die erforderlichen Einflußgrößen möglich. Bei der Bearbeitung des Fragebogens können im wesentlichen zwei unterschiedliche Vorgehensweisen zur Anwendung kommen:

1. Die Bearbeitung erfolgt durch einen Mitarbeiter des Unternehmens.
2. Die Bearbeitung erfolgt durch einen externen Projektingenieur.

Die Vorteile der ersten Vorgehensweise sind insbesondere in den Faktoren Korrektheit der erhobenen Datenbestände und Optimierung des Aufwandes bei der Durchführung des Verfahrens zu sehen. Diese Vorteile kommen gerade dann zur Geltung, wenn auf dezentral verteilte Datenbestände zurückgegriffen werden muß. Weiterhin können Probleme direkt gelöst werden, die dadurch entstehen, daß teilweise mehrere Datenquellen für ein einziges Datenfeld existieren. In diesem Fall ist die Aktualität der Datenquellen zu beachten. Grundsätzlich sind zur Erhebung der Einflußgrößen folgende Unterlagen auszuwerten:

- Anlagenplanungsunterlagen,
- Produktionsprogrammunterlagen und
- Qualitätssicherungsunterlagen.

3.2 Methoden zur Ermittlung des funktionalen Zusammenhanges zwischen dem Personalbedarf und seinen Einflußgrößen

Zur Beschreibung der kardinal skalierten Zielgröße "Personalbedarf" oder deren operationale Größe "Stundenaufwand", die ebenfalls kardinal skaliert ist, sind ordinal und kardinal skalierte Einflußgrößen abgeleitet worden. Im vorliegenden Untersuchungsfeld hat sich aufgrund der eingangs gestellten Anforderungen "Objektivität" und "Praktikabilität" nur das Überwachungskonzept nach umfangreichen Expertenbefragungen und Literaturrecherchen als relevante nicht kardinal skalierte Einflußgröße ergeben. Diese Literaturrecherche hat ebenfalls aufgezeigt, daß die Betrachtung des Stundenaufwandes über kardinal skalierte Einflußgrößen zu einem ausreichend genauen Ergebnis führt. Aus diesem Grund wird der Schwerpunkt der weiteren Betrachtung auf der Behandlung von objektiv quantifizierbaren kardinal skalierten Parametern liegen. Diese Forderung wird auch von BRESSER (1985, S. 70) in seinen Ausführungen zur Ermittlung des Personalbedarfs zur Arbeitsplanung gestellt.

Grundsätzlich ist jedoch ein Verfahren zu entwickeln, mit dem sowohl ordinal als auch kardinal skalierte Einflußgrößen bearbeitet werden können. Dazu ist zuvor die erhobene Datenbasis zweckorientiert aufzubereiten.

3.2.1 Homogenisierung der Datenbasis

Die erhobenen Stundenwerte beinhalten den Aufwand sowohl für die Betriebsführung als auch für die Instandhaltung, der weiter in seinen Wartungs-/Inspektionsanteil und seinen Instandsetzungsanteil unterschieden wird. Gerade bei der Anwendung der multiplen Längsschnittanalyse werden auch Zeitpunkte erfaßt, in denen außergewöhnliche Maßnahmen durchgeführt werden, die den regelmäßigen Anlagenbetrieb nicht widerspiegeln. Mit der Anwendung des anlagenorientierten Personalbedarfsplanungsverfahrens sollen jedoch Richtwerte erarbeitet werden, mit denen eine Anlage hinsichtlich ihres Personalkapazitätsbedarfs bemessen werden kann. Dazu ist eine homogene Datenbasis erforderlich, in der die Ausreißerwerte eliminiert werden.

3.2.2 Vorgehensweise zur Behandlung der nicht kardinal skalierten Einflußgröße

Als einzige relevante Einflußgröße, die nicht kardinal skaliert ist, hat sich das Überwachungskonzept ergeben. Diese Einflußgröße ist weiter in ihre Ausprägungsstufen "zentral" oder "dezentral" unterteilt worden. Für die Integration dieser Einflußgröße in das Gesamtkonzept wird in Anlehnung an STEGER (1988, S. 104 ff) eine vorgeschaltete Gruppenbildung durchgeführt. Damit werden Anlagen oder Funktionsbereiche nur innerhalb einer Ausprägungsstufe analysiert. Es ist demzufolge vorab festzulegen, ob der Personalbedarf für eine Anlage oder einen Funktionsbereich mit einem zentralem oder einem dezentralem Überwachungskonzept zu ermitteln ist.

3.2.3 Mathematische Verfahren zur Behandlung der kardinal skalierten Einflußgrößen

Für die im vorangegangenen Kapitel ausführlich dargestellten kardinal skalierten Einflußgrößen sind mittels mathematischer Verfahren sinnvolle Beziehungen zu entwickeln. Dazu werden innerhalb dieser Arbeit die Verfahren zur Korrelations- und Regressionsanalyse eingesetzt. Die Anwendung dieser Verfahren unterliegen bestimmten Voraussetzungen. Um sicherzustellen, daß diese Voraussetzungen erfüllt werden, müssen statistische Prüfmethoden herangezogen werden. Folgende Prüfmethoden, die für diese Arbeit relevant sind, sollen kurz erläutert werden (BRESSER 1982, S. 76 ff; REINECKE 1983, S. 51 ff und THOMAS 1979, S. 60):

a) Test des Datenmaterials auf Normalverteilung

Die Korrelationsverfahren, die im Rahmen dieser Arbeit zur Anwendung kommen, setzen im Prinzip normalverteilte Daten voraus. Dabei kann davon ausgegangen werden, daß bei größeren Umfängen der Stichprobe die Verfahren zu realistischen Ergebnissen führen, auch wenn die Daten nicht normalverteilt sind (BRESSER 1985, S. 76 und KÖLLEN 1983, S. 57).

b) Überprüfung der Einflußgrößen auf Multikollinearität

Soll im Rahmen einer multiplen Regressionsanalyse die Zielgröße Y als Funktion von mehreren unabhängigen Einflußgrößen X_1, X_2, X_3, ...,X_n ermittelt werden, sind die betrachteten Einflußgrößen auf Unabhängigkeit untereinander zu untersuchen. Die Abhängigkeit einzelner Einflußgrößen wird als Multikollinearität bezeichnet und kann zu Fehlern bei der Regressionsfunktion führen. Als Maßstab für die Höhe der Multikollinearität (D) dient die Differenz zwischen dem multiplen Bestimmtheitsmaß ($B_{YX1,...,Xn}$) und dem einfachen Bestimmtheitsmaß

(B_{YX}) (REINECKE 1983, S. 55 f und WONNACOTT u.a. 1977, S. 366 ff).

Bei sehr kleinen Werten für D sind die Einflußgrößen X_1, X_2, ..., X_n im Prinzip unabhängig, es liegt also keine Multikollinearität vor. Nimmt D Werte in der Größenordnung von 1 an, bestehen Abhängigkeiten zwischen den untersuchten Einflußgrößen. Obwohl Multikollinearität zwischen den Einflußgrößen gegeben sein kann, wird durch die Aufnahme mehrerer Einflußgrößen in die multiple Regression, das Bestimmtheitsmaß der Regression in der Regel erhöht (HUHNDORF u.a., 1987, S. 118 ff). Dabei ist ein sinnvolles Verhältnis zwischen der Aufnahme weiterer Einflußgrößen und einem dadurch steigenden Bestimmtheitsmaß zu suchen. Dies kann einmal durch die Vorgabe eines Grenzwertes für das Bestimmtheitsmaß B (s. Unterpunkt c) oder durch einen sachlogischen Ansatz geschehen. Nach HUHNDORF u.a. (1987, S. 118) sind in der Regel maximal sechs Einflußgrößen zur Durchführung der Regressionsrechnung ausreichend.

c) Berechnung und Prüfung des Bestimmtheitsmaßes der Regression

Soll die Güte einer Regression überprüft werden, wird dazu in der Regel das Bestimmtheitsmaß ($B = r^2$) herangezogen. Nach HALLERWEDEL (1973, S. 134) wird für industrielle Zwecke B > 60 % verlangt.

Die statistische Prüfung des Bestimmtheitsmaßes erfolgt in Anlehnung an (FALTER 1980, S. 59 und FÖRSTER u.a. 1979, S. 213 f) durch Überprüfung der Fischerschen F-Verteilung.

d) Prüfung der Regressionskoeffizienten

Die Überprüfung der einzelnen Regressionskoeffizienten wird anhand des t-Tests durchgeführt (FÖRSTER u.a. 1979, S. 215).

e) Ermittlung des Vertrauensbereichs der Regressionsfunktionen (Konfidenzintervall)

Besteht ein regressiver Zusammenhang (Regressionsfunktion) zwischen den Einfluß- und Zielgrößen, ist die Bestimmung des zugehörigen Konfidenzintervalls notwendig. Ein Konfidenzintervall oder Vertrauensbereich ist ein Bereich, in mit der Irrtumswahrscheinlichkeit α die aus den Einflußgrößen X_1, X_2, ..., X_n berechnete Zielgröße Y liegen wird (FÖRSTER 1979, S. 200 f). Bei der Ermittlung des Vertrauensbereichs hat sich im Rahmen der durchgeführten Untersuchung die Wahl eines 90%-tigen Vertrauensbereichs als sinnvoll erwiesen.

f) Validität:

"Allgemein bezieht sich die Validität einer gewissen Methode auf die Sicherheit, mit welcher sinnvolle und relevante Messungen ausgeführt werden können; dies in der Bedeutung, daß die Messungen wirklich die Eigenschaften erfassen, die zu messen beabsichtigt waren" (MAGNUSSEN 1969, S. 132). Die Validität kann auf folgende Arten geprüft werden (DICHTL u.a. 1978, S. 492):

- gedankliche Prüfung oder
- korrelationsanalytische Prüfung.

Eine gedankliche Prüfung wurde generell bei der sachlogischen Ableitung der Einflußgröße für die jeweilige Zielgröße durchgeführt. Eine korrelationsanalytische Prüfung wird im Rahmen der folgenden mathematisch-statistischen Auswertungen durchgeführt. Damit erübrigt sich eine separate Prüfung speziell zum Zweck des Nachweises der Validität (BRESSER 1985, S. 73).

g) Reliabilität

"Wenn man die Messung einer Eigenschaft unter gleichen Bedingungen zu einem anderen Zeitpunkt wiederholt, soll das Resultat das gleiche sein. Dieser Aspekt der Zuverlässigkeit eines Meßinstrumentariums ist seine Reliabilität" (MAGNUSSON 1969, S. 66). Bei der Messung physikalischer bzw. eindeutig quantifizierbarer Parameter ist die Reliabilität der erfassten Daten gewährleistet, sofern das eingesetzte Erfassungsinstrumentarium und die Randbedingungen erhalten bleiben (BRESSER 1985, S. 71). Da wesentliche Anforderungen an die zu entwickelnde Vorgehensweise im Bereich der Objektivität lagen, sind die Einflußgrößen und Zielgrößen im wesentlichen direkt quantifizierbar oder können eindeutig zugeordnet werden. Insofern erübrigt sich ein expliziter Nachweis der Reliabilität.

3.2.3.1 Methode zur Ermittlung der Abhängigkeiten zwischen Ziel- und Einflußgrößen

Mit der Korrelationsanalyse werden statistische Zusammenhänge (Korrelationen) zwischen zwei oder mehreren Größen nachgewiesen (REFA MLPS Teil 2 1985, S. 300).

Je nach Skalierung von Einfluß- und Zielgröße können die in der folgenden Abbildung 3.7 dargestellten Korrelationskoeffizienten unterschieden werden (BAMBERG u.a. 1987, S. 36).

Neben unterschiedlichen skalierungstypabhängigen Korrelationskoeffizienten kann die Abhängigkeit einer Zielgröße von unterschiedlich vielen Einflußgrößen beschrieben werden. Aus diesem Grunde lassen sich die einfache, die partielle und die multiple Korrelation unterscheiden (ERHARD u.a., 1977, S. 157 f).

Skalierung von y / Skalierung von x	kardinal	ordinal	nominal
kardinal	Bravais - Pearson - Korrelations - koeffizient		
ordinal		Rang - korrelations - koeffizient von Spearman	
nominal			Kontingenz - koeffizient

Abb. 3.7: Korrelationskoeffizienten

a) Einfache Korrelation

Bei der einfachen Korrelation wird unterstellt, daß ein Merkmal Y nur von einem anderen Merkmal X abhängig ist, d.h. es besteht ein monovariater Zusammenhang zwischen den Größen X und Y. X und Y müssen zusätzlich normalverteilt sein. Die exakte Vorgehensweise zur Berechnung des pearsonschen Korrelationskoeffizienten r_{YX} wird in HARTUNG u.a. (1986, S. 144) und HINES u.a. (1980, S. 106) dargestellt und soll an dieser Stelle im einzelnen nicht weiter erläutert werden.

b) Partielle Korrelation

Wenn ein Merkmal Y von mehreren normalverteilten Merkmalen X_1, X_2, X_3, ..., X_n abhängig sein kann, wenn also multivariate Zusammenhänge vorliegen können, muß man im allgemeinen damit rechnen, daß die Korrelation zwischen zwei Merkmalen von anderen Merkmalen mitbestimmt wird. Um diesen Sachverhalt zu untersuchen, wird zunächst die partielle Korrelationsanalyse herangezogen. Damit kann die Korrelation zwischen der Zielgröße Y und einer zufällig gewählten Einflußgröße X_1 gemessen werden. Dabei ist zu beachten, daß sämtliche anderen Einflußgrößen X_2, X_3, ..., X_n konstant gehalten werden (HARTUNG 1986, S. 180 und WONNACOTT u. a. 1977, S. 431).

c) Multiple Korrelation

Sind dagegen Informationen zu ermitteln, ob und wie das Merkmal Y von mehreren anderen Merkmale X_1, X_2, X_3, ..., X_n gleichzeitig abhängig ist, kommt die multiple Korrelationsrechnung zu Anwendung. Hier werden also keine Einflußgrößen konstant gehalten wie bei der partiellen Korrelation, vielmehr können alle Merkmale auf einmal variiert werden. Im Falle der Abhängigkeit eines Merkmales Y von zwei anderen Merkmalen X und Z wird der multiple Korrelationskoeffizient ($R_{YX.Z}$) berechnet (ERHARD 1977, S. 181 f; HAYS 1974, S. 706 f und SACHS 1972, S. 353 f).

Die Korrelationsrechnung steht in enger Verbindung zu der Regressionsrechnung. Sie liefert entscheidende Informationen über die Möglichkeit, eine mathematische Beziehung zwischen Variablen aufzudekken. Die Korrelationsanalyse wird aus diesem Grunde bei der Untersuchung des erhobenen Datenmaterials herangezogen, um festzustellen, ob zwischen den in der Zuordnungsmatrix angeführten Ziel- und Einflußgrößen vernünftige funktionale Beziehungen hergeleitet werden können. Weil bei der Analyse von Einfluß- und Zielgrößen hauptsächlich multivariate Probleme bestehen, wird in erster Reihe die partielle Korrelationsanalyse benutzt, um einzelne Ausgangsgrößen bezüglich ihrer mathematisch-statistischen Beziehung zu den einzelnen Eingangsgrößen beurteilen zu können. Als Kriterium wird dann ein Korrelationskoeffizient über 0,5 gefordert, d.h. es wird unterstellt daß bei einem Korrelationskoeffizienten unter 0,5 kein funktionaler Zusammenhang besteht, so daß keine eindeutige, aussagekräftige und plausible Regressionsfunktion berechnet werden kann (ERHARD 1977, S. 175 und WONNACOTT u.a. 1977, S. 412 ff).

3.2.3.2 Ermittlung der funktionalen Zusammenhänge für kardinal skalierte Einflußgrößen

Ziel der Regressionsanalyse ist es, einen Zusammenhang zwischen Einflußgrößen (Variablen) zu belegen und seine Stärke durch statistische Berechnung zu messen. Bei der Regressionsanalyse kann die zukünftige Veränderung einer Zielgröße in Abhängigkeit von einer "bereits festliegenden Veränderung einer oder mehrerer Variablen" vorausgesagt werden (DOMSCH 1978, S. 112).

Auf der Basis der errechneten Korrelationskoeffizienten wird die Regressionsanalyse durchgeführt. Im Rahmen der Korrelationsrechnung wird die Frage gelöst, ob zwischen den einzelnen Einflußgrößen und den entsprechenden Zielgrößen ein mathematisch-statistischer Zusammenhang besteht und wie stark diese Beziehung ausgeprägt ist. Demgegenüber werden mit der Regressionsanalyse funktionale Zusammenhänge (Regressionsfunktionen), zwischen einer Zielgröße Y (Regressand) und einer oder mehreren Einflußgrößen $X_1, X_2, ..., X_n$ (Regressoren) abgeleitet (ERHARD u.a. 1977, S. 157 und HARTUNG u.a., 1985, S. 569). Im Rahmen dieser Arbeit werden folgende Verfahren der Regressionsanalyse durchgeführt:

a) die eindimensionale, lineare Regression (einfache Regression),
b) die mehrdimensionale, lineare Regression (multiple Regression) und
c) die eindimensionale, nicht lineare Regression.

Die einzelnen Verfahren werden im folgenden in der für diese Arbeit notwendigen Detaillierung erläutert.

a) Die eindimensionale, lineare Regression (einfache Regression):

Wenn ein Merkmal Y nur von einem Merkmal X abhängig ist, liegt eine eindimensionale Betrachtung vor. Werden nun die Wertepaare (y_1,x_1), (y_2,x_2), ..., (y_m,x_m) in ein Koordinatensystem eingetragen und die Punkte liegen angenähert auf einer Geraden, kann angenommen werden, daß Y als Funktion von X (Y = f(X)), durch (F 3.2) beschrieben werden kann (in Anlehnung an: HINES u.a., 1980, S. 360; KREYZIG 1979, S. 258 und REICHARD 1969, S. 91 f):

$$Y = a + b * X + e \qquad \text{(F 3.2)}$$

Das Problem besteht nun darin, aufgrund des vorhandenen Datenmaterials (y_1,x_1), (y_2,x_2), ..., (y_m,x_m), Schätzwerte a^* und b^* für die Parameter $\hat{a}$ und $\hat{b}$ (Regressionskoeffizient) so zu bestimmen, daß die Abweichungen zwischen den erhobenen Werten Y_i und den errechneten Werten $\hat{Y}_i$ minimal werden (CLARK u.a. 1974, S. 530 und HINES u.a. 1980, S. 360). Die Bestimmung der Schätzwerte wird durch die einfache lineare Regressionsanalyse durchgeführt.

Dabei können objektive Schätzwerte (a^* und b^*) für $\hat{a}$ und $\hat{b}$ mit dem Verfahren der kleinsten Fehlerquadrate nach Gauß gefunden werden. Dieses Verfahren wird in KREYZIG (1979, S. 259 ff) ausführlich dargestellt.

b) Die mehrdimensionale, lineare Regression (multiple Regression):

Wird unterstellt, daß eine Zielgröße Y sich als lineare Funktion von mehreren Einflußgrößen X_1, X_2, ..., X_n darstellen läßt (Hartung, J. u.a., 1986, S. 81 f), kann diese Funktion wie folgt beschrieben werden:

$$Y = a + b * X_1 + c * X_2 + ... + n * X_n \qquad \text{(F 3.3)}$$

Die Gleichung (F 3.3) stellt eine multiple lineare Funktion dar, die mit Hilfe der multiplen, linearen Regressionsanalyse gelöst werden kann. Die Regressionsparameter a^*, b^*, c^*, ..., n^* werden, wie bei der einfachen linearen Regressionsanalyse, mit dem Verfahren der kleinsten Fehlerquadratsumme geschätzt.

c) Die eindimensionale, nicht lineare Regression:

Nicht immer kann eine lineare Beziehung zwischen Merkmale angenommen werden. In diesen Fällen kommen nicht lineare, funktionale Zusammenhänge zum Zuge (WONNACOTT u.a. 1977, S. 441 ff). Typische nicht lineare Kurvenverläufe, die sich auch bei der Personalbedarfsplanung als sinnvoll erwiesen haben, sind die Potenzfunktion (F 3.4) oder die Exponentialfunktion (F 3.5).

$$Y(X) = a * [X]^b \qquad \text{(F 3.4)}$$

$$Y(X) = a * [1 - \exp(-X/b)] \qquad \text{(F 3.5)}$$

Unter der Annahme, daß Y eine nicht lineare Funktion von X ist, besteht die Aufgabe darin, auf der Basis von erhobenen Daten den Verlauf dieser nicht linearen Funktion zu schätzen. In diesem Fall kommt das Verfahren der einfachen, nicht linearen Regressionsanalyse zum Zuge. Um diese Funktion zu finden, werden zunächst die Wertepaare (y_j,x_j) in ein Koordinatensystem eingetragen und ein Funktionsverlauf wird angenommen, dessen Parameter a und b wieder mit der Methode der kleinsten Fehlerquadrate geschätzt werden können (SACHS 1972, S. 344 ff und HARTUNG 1985, S. 589 ff). Die Funktion der quadratischen Abweichungen $Q(a^*,b^*)$ wird nach den Parametern abgeleitet. Diese Gleichungen werden dann gleich Null gesetzt und nach den Parametern a^* und b^* aufgelöst. Die Gleichungen sind nicht mehr linear wie früher und müssen für jede Ableitungsfunktion von $Q(a^*,b^*)$ neu gesucht werden (HARTUNG 1985, S. 590). Das Auflösen des Gleichungssystems ist nur möglich mittels eines Iterationsverfahrens (z.B. Newtons Iterationsverfahren für nicht lineare Systeme), wobei man mit günstig gewählten Startwerten anfangen muß (ANDREASSEN u.a., 1980, S. 35 ff und S. 79 ff; JELTSCH 1983, S. 4.16 ff und JELTSCH 1984, S. 6.11).

Im Rahmen der Personalbedarfsplanung für kontinuierliche Fertigungsprozesse sind eine Vielzahl von Einflußgrößen zu berücksichtigen.

Dabei ist der Zusammenhang zwischen Ziel- und Einflußgrößen nicht immer linear, so daß ein multiples, nicht lineares Regressionsproblem zu lösen ist. Diese Problematik wird schrittweise unter Anwendung der drei zuvor beschriebenen Verfahren gelöst. Zunächst werden unter Anwendung

- der einfachen, nicht linearen Regressionsanalyse oder
- der einfachen, linearen Regressionsanalyse

die Einflußgrößen hinsichtlich der relevanten Zielgröße linearisiert. Die zu ermittelnde Funktion wird einmal auf der Basis des Ausdrucks der Ist-Werte und zum anderen auf der Basis des Vergleichs der Fehlerquadratsumme für die unterschiedlichen Regressionsfunktionen, die zum Ansatz kommen können, abgeleitet. Nach der Ermittlung der optimalen Funktion zwischen der Zielgröße und <u>einer</u> Einflußgröße werden alle Einzelfunktionen zu einem mathematischen Gesamtmodell zusammengeführt. Diese Zusammenführung wird durch die Anwendung der multiplen, linearen Regressionsanalyse vorgenommen. Für diese Aufgabe stehen unterschiedliche Rechnerprogramme zur Verfügung. Die einzelnen Berechnungen sind mit den Softwareprodukten:

- NCSS der Firma UNISOFT und
- STATGRAPHICS der Firma PLUS*WARE

durchgeführt worden.

Zur besseren Orientierung sind die einzusetzenden mathematisch-statistischen Verfahren zusammenhängend in der Abbildung 3.8 dargestellt.

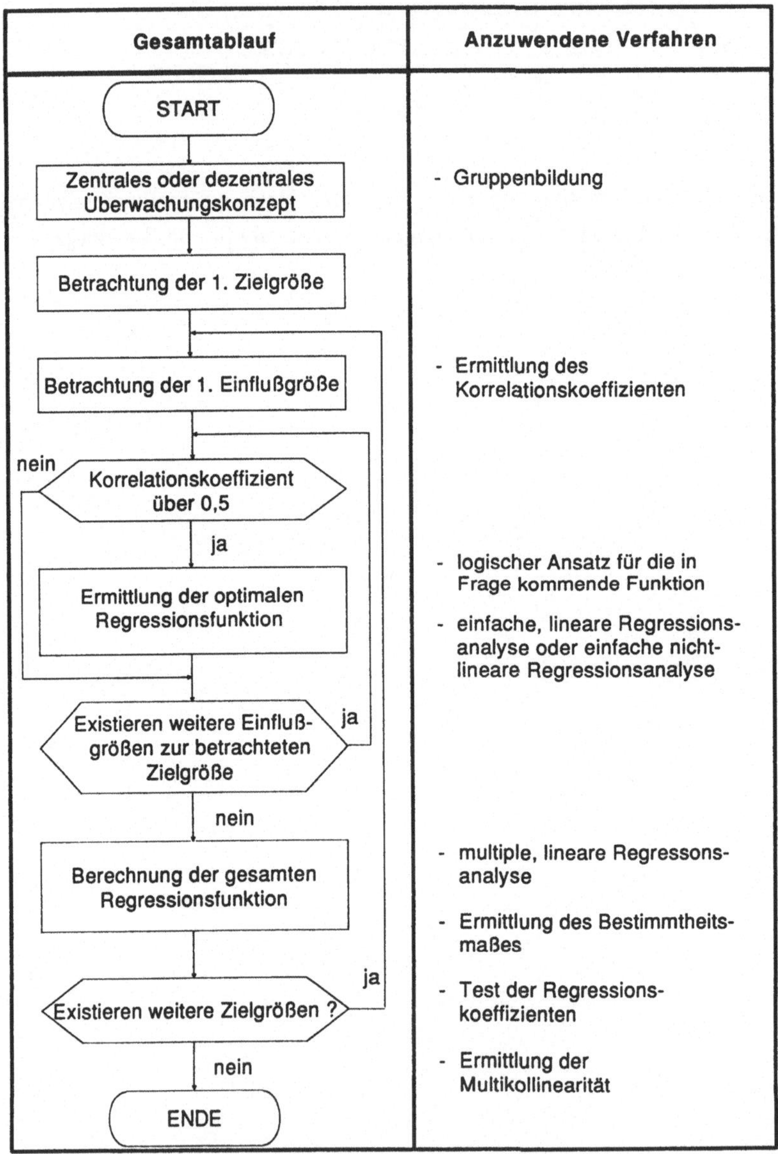

Abb. 3.8: Anwendung mathematisch-statistischer Verfahren

3.3 Konzeption des Soll-Zustandes

Zur Beschreibung des Soll-Zustandes hinsichtlich des notwendigen Personalbedarfs für die untersuchte Anlage sind folgende Punkte zu bearbeiten:

- Zusammenfassung der getrennt untersuchten Funktionsbereiche zur gesamten Anlage,
- Transformation des Stundenaufwandes zum Personaleinsatzbedarf und
- Berechnung der Planungsgröße Soll-Personalbestand.

3.3.1 Ermittlung des Personaleinsatzbedarfs

Nach der Durchführung der Korrelations- und Regressionsanalyse für die einzelnen Funktionsbereiche können die erforderlichen jährlichen Stundenaufwände für die gesamte Anlage ermittelt werden. Dabei ergibt sich der Stundenaufwand einer gesamte Anlage über die triviale Summation der Stundenaufwände der zu einer Anlage gehörenden Funktionsbereiche. Die Transformation des Jahresstundenbedarfs auf den Personaleinsatzbedarf wird über die tariflich gültige Jahresarbeitszeit mittels folgender Formel (F 3.6) vorgenommen:

$$PEB = \frac{ST}{WAZ * 52} \qquad \text{(F 3.6)}$$

ST: Stundenaufwand pro Jahr für die gesamte Anlage
PEB: Personaleinsatzbedarf pro Jahr
WAZ: Wochenarbeitszeit

Mit dieser Umrechnungsformel kann der Personalbedarf flexibel für unterschiedliche Wochenarbeitszeiten errechnet werden. Diese Flexibilität ist gerade in Zeiten notwendig, in denen die maximale Wochenarbeitszeit laufend diskutiert und variiert wird.

Neben der Berechnung des Stundenaufwandes für die gesamte Anlage durch die Summation der Stundenaufwendungen für die zugehörigen Funktionsbereiche ist die Berechnung des Vertrauensbereich interessant. Der Vertrauensbereich der Anlage errechnet sich aus den gewichteten Vertrauensbereichen der Funktionsbereiche. Dabei wird die Gewichtung nach dem Einfluß eines Funktionsbereiches auf die gesamte Anlage vorgenommen. Im vorliegenden Untersuchungsfeld bietet sich die Belegung des Gewichtungsfaktors mit eins an, da in der Regel alle Funktionsbereiche den gleichen Einfluß auf die Anlage aufweisen. Mit dieser Belegung ergibt sich das Quadrat des gesamten Vertrauensbereiches aus der Summe der Quadrate der einzelnen funktionsbereichsbezogenen Vertrauensbereichen (DIN 1319, S. 3 und GAST u.a. 1986, S. 123 ff). Dieses Berechnungsverfahren wird in dem Kapitel der praktischen Anwendung konkretisiert.

3.3.2 Ermittlung des Soll-Personalbestands

Der Soll-Personalbestand, der für die Dimensionierung der Anzahl der Mitarbeiter maßgeblich ist, ergibt sich aus der Summation von Personaleinsatzbedarf und Personalreservebedarf. Der Personalreservebedarf ist zur Deckung von Fehlzeiten durch beispielsweise Krankheit oder Urlaub erforderlich. Die zu berücksichtigende Größenordnung ist wesentlich vom Einsatzgebiet der Mitarbeiter abhängig. Die Ermittlung dieses Fehlzeitenzuschlags kann entweder aus der Literatur übernommen werden oder durch eine Untersuchung des Einsatzgebietes abgeleitet werden.

Der entsprechende Faktor für die Fehlzeiten wird pauschal dem zuvor errechneten Personaleinsatzbedarf zugeschlagen, so daß der Personalbedarf über folgende Formel zu bestimmen ist:

SPB = FEZ * PEB (F 3.7)

SPB: Soll-Personalbestand
FEZ: Faktor für die zu berücksichtigenden Fehlzeiten
PEB: Personaleinsatzbedarf

Über die Formel (F 3.7) kann jetzt der gesamte Arbeiter-Personalaufwand operative Tätigkeiten eines kontinuierlichen Fertigungsprozesses ermittelt werden.

Abschließend werden die durchzuführenden Arbeitsschritte der entwikkelten Vorgehensweise zur anlagenorientierten Personalbedarfsplanung für kontinuierliche Fertigungsprozesse mit den eingesetzten Methoden zusammenfassend dargestellt.

In einem ersten Schritt wird die betrachtete Anlage in signifikante Funktionsbereiche gegliedert. Diese Anlagengliederung wird aus der systematischen Betrachtung der Unternehmensfunktionen "Anlagenplanung", "Betriebsführung" und "Instandhaltung" abgeleitet.

Im zweiten Schritt werden die planungsrelevanten Einflußgrößen sachlogisch auf der Basis der Analyse eines kontinuierlichen Fertigungsprozesses unter besonderer Berücksichtigung der Aspekte "Objektivität" und "Praktikabilität" abgeleitet und erörtert.

Mit den erarbeiteten Einflußgrößen wird im dritten Arbeitsschritt für jeden einzelnen Funktionsbereich unter Anwendung mathematisch-statistischer Verfahren der funktionale Zusammenhang zwischen den Einflußgrößen und den jeweiligen Zielgrößen berechnet und transparent dargestellt. Dabei kommen im wesentlichen die Methoden der Korrelations- und Regressionsrechnung zum Einsatz. Zusätzlich zu der Erarbeitung der funktionalen Beziehung unter Berücksichtigung aller relevanten Einflußgrößen wird der Optimierung der entwickelten Vorgehensweise besondere Bedeutung beigemessen. Dazu wird unter Berücksichtigung der Genauigkeit der Funktion die Zahl der einzusetzenden Einflußgrößen iterativ auf ein Minimum reduziert.

Mit diesen funktionalen Zusammenhänge kann jetzt der Personaleinsatzbedarf für jeden Funktionsbereich getrennt ermittelt werden. Eine Summation der einzelnen Personaleinsatzbedarfe unter Berücksichtigung eines zu quantifizierenden Fehlzeitenzuschlages führt zu einer Dimensionierung des Soll-Personalbestandes für den untersuchten kontinuierlichen Fertigungsprozeß.

4. Anwendung des entwickelten Verfahrens am Beispiel der Dimensionierung des Personalbedarfs für Kläranlagen

Im vorherigen Kapitel ist eine anlagenorientierte Vorgehensweise zur Ermittlung des Personalbedarfs für kontinuierliche Fertigungsprozesse entwickelt worden. Am Beispiel der Kläranlagen soll diese allgemeine Vorgehensweise hinsichtlich der gestellten Anforderungen

- Objektivität,
- Praktikabilität und Genauigkeit und
- Relevanz der Einflußgrößen

untersucht werden.

4.1 Beschreibung und Erfassung der Ausgangssituation

Eine Kläranlage ist eine "Anlage zur Reinigung von kommunalen, gewerblichen oder industriellen Abwässern, die nach mechanischen, biologischen und chemisch-physikalischen Verfahren arbeitet" (BISCHOFSBERGER u.a. 1984, S. 216). Die Grundlage für diese Untersuchung bilden insgesamt 26 Kläranlagen.

4.1.1 Einteilung einer Kläranlage in signifikante Funktionsbereiche

Die entsprechenden theoretischen Vorüberlegungen haben ergeben, daß eine zielorientierte Anlagengliederung aus den Unterlagen zur Anlagenplanung, Instandhaltung und Betriebsführung abgeleitet werden kann. Die Analyse der entsprechenden Informationen und eine zusätzliche Literaturrecherche (BISCHOF 1989, S. 271 ff; ATV 1978, S. 118 ff und ATV 1983, S.243 und S. 269 ff) führt zur Einteilung einer Kläranlage in die folgenden neun Verfahrensstufen (VS):

- allgemeiner Aufwand (VS 0),
- Grundbesitz und allgemeine Einrichtungen (VS 1),
- Abwassertransport (VS 2),
- mechanische Reinigung (VS 3),
- chemische Reinigung (VS 4),
- biologische Reinigung (VS 5),
- dritte Reinigungsstufe (VS 6),
- Schlammbehandlung (VS 7) und
- Schlammbeseitigung (VS 8).

In einem Maximalkonzept einer Kläranlage sind alle Verfahrensstufen abgebildet (Abbildung 4.1).

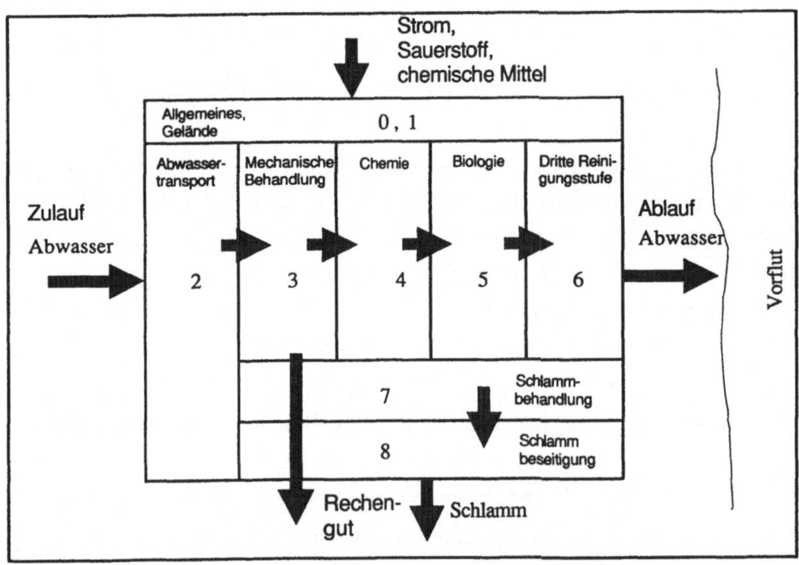

Abb. 4.1: Einteilung einer Kläranlage in einzelne Systemkomponenten

Die dargestellten neun Verfahrensstufen sind nicht in allen Abwasserreinigungsanlagen vorhanden. "Fehlende" Stufen sind vielfach die chemische Stufe (VS 4) oder die dritte Reinigungsstufe (VS 6).

Zum besseren Verständnis sind in SENT (1990a) die zu berücksichtigenden Verfahrensstufen hinsichtlich des Fertigungsprozesses und der grundsätzlich anfallenden Tätigkeiten skizziert.

Aufgrund der differenzierten Betrachtung der Anlage entsteht eine Gliederungstiefe mit dem Problem, daß sich Ziel- und Einflußgrößen gleichzeitig auf mehrere Verfahrensstufen beziehen können. Insbesondere bei der Erhebung der Zielgröße - dem Stundenaufwand - ist diese Parallelität problematisch, da eine Aufwandsbetrachtung jetzt nicht mehr auf einzelne Verfahrensstufen bezogen durchgeführt werden kann.

Aus diesem Grund ist es sinnvoll, die bereits beschriebenen Verfahrensstufen bei der anlagenorientierten Personalbedarfsplanung für Kläranlagen auf eine höhere Stufe zu aggregieren. Die Verfahrenstufen 0 bis 8 werden dabei zu den Funktionsbereichen (FB) A bis E zusammengefaßt. Diese Zusammenfassung ist in der Abbildung 4.2 dargestellt.

4.1.2 Sachlogische Ermittlung von Einflußgrößen

Die Durchführung einer anlagenorientierten Personalbedarfsplanung erfordert die Ableitung aussagefähiger Einflußgrößen, die den Fertigungsprozeß (hier: die Abwasserreinigung) sinnvoll charakterisieren (REFA MLA Teil 2 1978, S.432). Sinnvoll charakterisieren bedeutet, daß Einflußgrößen abgeleitet werden, die sowohl den Fertigungsprozeß als auch den erforderlichen Stundenaufwand gleichzeitig beschreiben. Diese Einflußgrößen werden in der Regel verfahrenstechnische Dimensionen aufweisen; die absolute Höhe der betrachteten Einflußgrößen muß jedoch in einem direkten Zusammenhang mit dem Stundenaufwand stehen. Bei der Wahl der Einflußgrößen, die den Abwasserreinigungsprozeß beschreiben, werden zunächst sachlogische Herleitungen der notwendigen Größen durchgeführt.

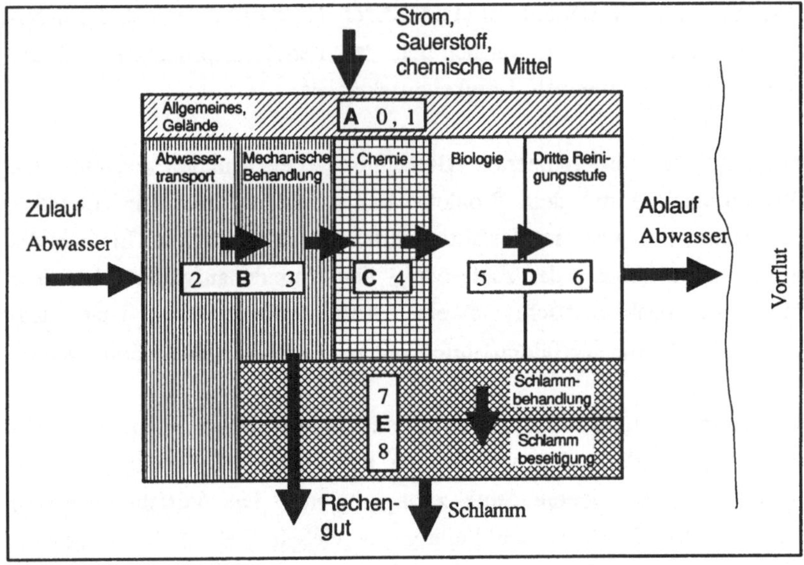

Abb. 4.2: Funktionsbereiche einer Kläranlage

Zur besseren Orientierung seien an dieser Stelle nochmals die theoretisch abgeleiteten Parameter in der Abbildung 4.3 dargestellt.

4.1.2.1 Ableitung der internen Einflußgrößen

Die internen Einflußgrößen können aus der Betrachtung der in den theoretischen Vorüberlegungen dargestellten Aspekte einer Anlage hergeleitet werden. In den Beschreibungen der einzelnen Einflußgrößen wird zunächst das für die folgenden Betrachtungen relevante Kurzzeichen angegeben. Anschließend wird der Bezug zum Funktionsbereich dargestellt. Letztlich wird die Dimension des Parameters angegeben, da die Erhebung auf jeden Fall in dieser Dimension durchgeführt werden muß, weil ansonsten die hergeleiteten mathematischen Formeln keine Gültigkeit haben.

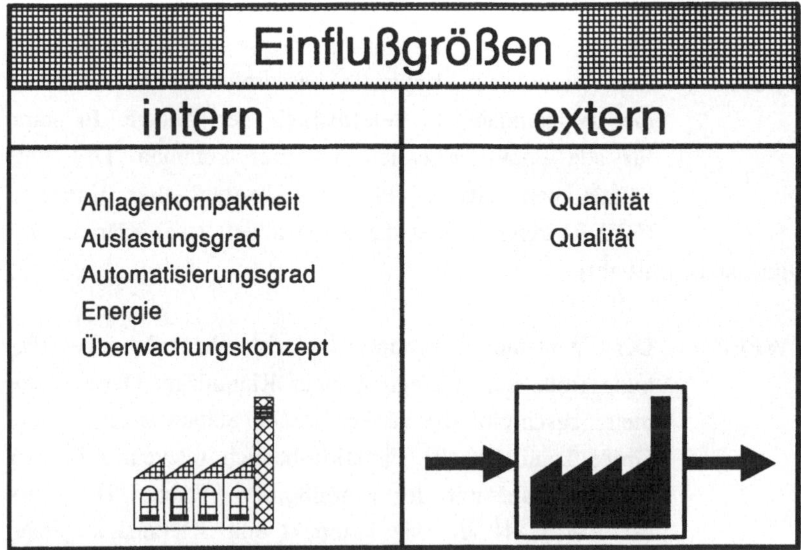

Abb. 4.3: Fertigungsbeschreibende Einflußgrößen

Aufbauend auf den vorgelagerten theoretischen Überlegungen ist dabei als erstes die Anlagenkompaktheit zu untersuchen.

Anlagenkompaktheit:

FL Die Variable "Fläche", beinhaltet die Flächengrößen der einzelnen Anlagen und kann im wesentlichen für den Funktionsbereich A relevant sein, weil nur in diesem Funktionsbereich Arbeiten bzgl. der Fläche anfallen. Jedoch ermöglicht die Größe Fläche im Zusammenhang mit weiteren Einflußgrößen hinsichtlich der Fertigungsmenge Abschätzungen zur Kompaktheit der Kläranlage. Deswegen wird FL als Einflußgröße in allen Funktionsbereichen berücksichtigt.

Dimension: [ha]

Auslastungsgrad:

HYDR Die hydraulische Kapazität beschreibt als Planungswert die mengenmäßigen Belastbarkeit der Anlage. Er kann für alle Funktionsbereich in Frage kommen. Das Verhältnis von Fläche (FL) und hydraulischer Kapazität (HYDR) kennzeichnet die Kompaktheit einer Kläranlage.

Dimension: [m^3/Jahr]

EWPLAN Der "geplante Einwohnerwert" ist ebenfalls eine Planungsgröße zur Auslegung einer Kläranlage. Dieser Parameter beschreibt die zu erwartende Schmutzfracht. Diese Größe kann für alle Funktionsbereich relevant sein. Als Verhältniszahl mit der Einflußgröße "Fläche" (FL) gibt der EWPLAN an, wie kompakt eine Kläranlage gebaut ist.

Dimension: [mg/(l*Jahr)]

AGB Die Variable "Auslastungsgrad des Funktionsbereichs B" ist aus dem Verhältnis der Jahresabwassermenge zur hydraulischen Kapazität gebildet worden. Die Einflußgröße "Jahresabwassermenge" ist unter dem Kapitel "externe Einflußgrößen" genauer beschrieben. Das Verhältnis stellt somit ein Maß für die hydraulische Auslastung des Funktionsbereich B dar.

Dimension: [%]

AGD Die Variable "Auslastungsgrad des Funktionsbereich D" stellt das Verhältnis biologischer Einwohnerwert (EWB), der als externe Einflußgröße in den folgenden Ausführungen erläutert ist, zum Einwohnerplanwert (EWPLAN) dar. Er beschreibt ein Maß für die Belastung des Funktionsbereiches D. Diese Größe kann sowohl für die Prozeßführung als auch für die Instandsetzung relevant sein.

Dimension: [%]

Automatisierungsgrad; Energie:

SVBB Die Variable "Stromverbrauch des Funktionsbereich B" ist ein Maß für die Anzahl bzw. Größe der im Funktionsbereich B eingesetzten Aggregate. Auf Basis der jährlichen Stromkosten ist über den anlagenspezifischen Stromtarif die Jahresstromleistung errechnet worden. Für die Betrachtung von Kläranlagen kann gleichzeitig ein indirekter Zusammenhang zwischen dem Stromverbrauch und dem Automatisierungsgrad hergestellt werden, da angenommen werden kann, daß mit höherem Stromverbrauch auch mehr elektrisch betriebene Aggregate eingesetzt werden.

Für die Funktionsbereiche D und E werden die entsprechenden Kurzzeichen SVBD und SVBE eingesetzt.

Dimension: [kWh/Jahr]

Überwachungskonzept:

Im konkreten Untersuchungsfeld existiert an jeder Kläranlage ein zentrales Überwachungskonzept, so daß für dieses Kriterium keine Ausprägungstufen zu untersuchen sind.

Diese Besonderheit führt dazu, daß im Rahmen der mathematischen Auswertungen rein kardinal skalierte Einfluß- und Zielgrößen untersucht werden müssen. Aus diesem Grund entfällt die Gruppenbildung der einzelnen Anlagen durch eine nicht kardinal skalierte Einflußgröße.

4.1.2.2 Ableitung der externen Einflußgrößen

Die externen Einflußgrößen können aus der Betrachtung der Quantität und Qualität des Fertigungsprozesses ermittelt werden.

Quantität:

Die im folgenden angesprochenen Einflußgrößen BSB_5roh, BSB_5sed und CSB sed sind Parameter zur Beschreibung der Reinigungsleistung einer Kläranlage. Die zur Berechnung dieser Parameter angesetzten Formeln sind übliche Formeln der Abwassertechnik. Die einzelnen Größen werden den Ausführungen zum Aspekt der "Qualität" genauer spezifiziert.

EWB Der biologische Einwohnerwert ist ein Maß für die Belastung der Kläranlagen durch das zufließende Abwasser. Dieser Parameter ist ein Rechenwert, der den BSB_5 Rohbedarf (BSB_5 roh) berücksichtigt. Die Berechnung erfolgt nach der folgenden Formel:

$$EWB = (BSB_5 \text{ roh}/60)$$

Der EWB stellt einen zeitabhängigen Produktionsparameter dar, der zur Beschreibung der Funktionsbereiche B, C, D und E in Frage kommen kann.

Dimension: [mg/(l*Jahr)]

EWCB Der chemisch-biologische Einwohnerwert ist ein Maß für die Belastung des den Kläranlagen zufließenden Abwassers. Es ist ein Rechenwert, der sowohl den BSB_5 als auch den CSB in den abgesetzten (sedimentierten) Schlamm (BSB_5 sed und CSB sed) berücksichtigt.

Die Berechnung erfolgt nach folgender Formel:

$$EWCB = 0.5 * [(BSB_5\ sed/40) + (CSB\ sed/80)]$$

Analog zum EWB beschreibt auch der EWCB die Funktionsbereiche B, C, D und E.

Dimension: [mg/(l*Jahr)]

JAW Die Variable "Jahresabwassermenge" beschreibt die der Kläranlage zugeflossene Abwassermenge pro Jahr. Dieser Wert ist rein quantitativ, sagt demnach also nichts über die Belastung des Abwassers aus. Der JAW stellt einen zeitabhängigen Produktionsparameter dar, der zur Charakterisierung der Funktionsbereiche B, C, D und E in Frage kommen kann.

Dimension: [m^3/Jahr]

RG Die Variable "Rechengutanfall" ist die Menge des jährlich beseitigten Rechengutes aus dem Funktionsbereich B. Diese Werte sind zum größten Teil über die Kosten für die Rechengutabfuhr bestimmt worden, wobei die Größe der eingesetzten Container und die Häufigkeit der Abfuhr bekannt waren. Als Ansatz ist hierbei von im Durchschnitt zu 3/4 gefüllten Container ausgegangen worden. Bei einigen Kläranlagen standen nur Gewichtsangaben zur Verfügung. Diese Angaben sind mit dem Ansatz 1t = 0,7m^3 umgerechnet worden.

Dimension: [m^3/Jahr]

SCHLAMM Diese Variable beschreibt die jährlich zu beseitigende Menge von Klärschlamm und ist somit ein Maß für die Dimensionierung des Funktionsbereiches E.

Dimension: [m^3/Jahr]

Qualität:

BSB_5 Der biologische Sauerstoffbedarf in 5 Tagen gibt die volumenbezogene Masse an Sauerstoff an, die für den aeroben Abbau der in einem Liter Probewasser enthaltenen oxidierbaren Inhaltsstoffe in 5 Tagen summarisch verbraucht wird (DIN 4045 1985, S. 30). Im Untersuchungsfeld ist die BSB-Reinigungsleistung aufgenommen worden, die sich auf die Funktionsbereiche B, C und D bezieht.

Dimension: [mg/l]

CSB Der chemische Sauerstoffbedarf ist die volumenbezogene Masse an Sauerstoff, welche unter definierten Bedingungen mit den im Wasser enthaltenen Stoffen reagiert (DIN 4045, 1985, S. 30). Im Untersuchungsfeld ist die CSB-Reinigungsleistung aufgenommen, die für die Funktionsbereiche B, C und D relevant sein kann.

Dimension: [mg/l]

NH4H Diese Variable beschreibt die Reinigungsleistung der Anlage hinsichtlich der im Abwasser vorhandenen Nitrat-Verbindungen. Diese Größe kann für die Funktionsbereiche B, C und D relevant sein.

Dimension: [%]

PHG Diese Variable beschreibt die Reinigungsleistung bei Phosphat-Verbindungen. Diese Größe kann für die Funktionsbereiche B, C und D relevant sein.

Dimension: [%]

Die oben erwähnten Größen sind den entsprechenden Funktionsbereichen zugeordnet worden. Dies ist in der Zuordnungsmatrix (Abbildung 4.4) nochmals verdeutlicht.

Variablen	Zielgrößen									
	STAB	STBB	STCB	STDB	STEB	INSTA	INSTB	INSTC	INSTD	INSTE
AGB		X								
AGD				X						
BSB5		X	X	X						
CSB		X	X	X						
EWB		X	X	X	X		X	X	X	X
EWCB		X	X	X	X		X	X	X	X
EWPLAN	X	X	X	X	X	X	X	X	X	X
FL	X	X	X	X	X	X	X	X	X	X
HYDR	X	X	X	X	X	X	X	X	X	X
JAW		X	X	X	X		X	X	X	X
NH4N		X	X	X						
PHG		X	X	X						
RG		X					X			
SCHLAMM					X					X
SVBB		X					X			
SVBD				X					X	
SVBE					X					X

Abb. 4.4: Zuordnungsmatrix

4.1.3 Datenerhebung

4.1.3.1 Erhebung der Zielgrößen

Die theoretische Betrachtung eines kontinuierlichen Fertigungsprozesses hat eine Differenzierung der Tätigkeiten in:

- Betriebsführung,
- Wartung/ Inspektion und
- Instandsetzung

als sinnvoll erscheinen lassen.

Im betrachteten Untersuchungsfeld war eine Unterteilung jedoch nur in zwei Gruppen möglich:

- Betriebsführung/ Wartung/ Inspektion und
- Instandsetzung.

Basierend auf diesen Überlegungen werden im folgenden der Gesamtaufwand und der Instandsetzungsaufwand weiter untersucht. Dazu werden folgende Bezeichungen eingesetzt:

STFU: unbereinigte Jahressumme der Gesamtstundenwerte für die Funktionsbereiche F=A...E.

STFB: bereinigte Jahressumme der Gesamtstundenwerte für die Funktionsbereiche F=A...E.

INSTF: Jahressumme der Instandsetzungsstundenwerte für die Funktionsbereiche F=A...E.

STFx*: Funktion für die Berechnung der Gesamtstunden auf der Basis einer Einflußgröße für den Funktionsbereich x=A...E einer Kläranlage.

INSTFx*: Funktion für die Berechnung der Instandsetzungsstunden auf der Basis einer Einflußgröße für den Funktionsbereich x=A...E einer Kläranlage.

STFx: Funktion für die Berechnung der Gesamtstunden auf der Basis aller zu berücksichtigenden Einflußgrößen für den Funktionsbereich x=A...E einer Kläranlage.

INSTFx: Funktion für die Berechnung der Instandsetzungsstunden auf der Basis aller zu berücksichtigenden Einflußgrößen für den Funktionsbereich x=A...E einer Kläranlage.

STF: Funktion zur Berechnung der Gesamtstunden für alle Funktionsbereiche einer Kläranlage.

Die einzelnen Zielgrößen werden in dieser Untersuchung im Rahmen einer multiplen Längsschnittanalyse aufgenommen. Die 26 Anlagen werden in den Jahren 1986 und 1987 untersucht. Für diese beiden Jahre sind monatliche Stundenwerte erhoben worden, so daß eine sehr detaillierte Betrachtung möglich ist.

4.1.3.2 Erhebung der Einflußgrößen

Das Eingangsdatenmaterial, hier Einflußgröße genannt, wird aus technischen Betriebsstatistiken, Jahresbetriebsberichten, Buchhaltungsberichten (Kostenvergleichsrechnung) oder Abwasseranalysen gewonnen (STAUDT u.a., 1985, S. 71).

Im Rahmen dieser Untersuchung sind die relevanten Einflußgrößen von den Anlagenbetreibern für die Jahre 1986 und 1987 über eine Selbstaufschreibung erfaßt worden. Da diese Selbstaufschreibung auf der Basis der eingangs dargestellten Verfahrensstufen durchgeführt wurde, mußte eine EDV-unterstützte Kumulation der Stundenwerte auf den jeweiligen Funktionsbereich vorgenommen werden. Dazu wurde das Datenbanksystem d'BASE III Plus der Firma Ashton Tate eingesetzt.

Mit dieser Software konnte auch die im folgenden Kapitel konkret dargestellte Homogenisierung der Datenbasis durchgeführt werden.

4.2 Ableitung der funktionalen Zusammenhänge

Die Durchführung der Anlagengliederung hat ergeben, daß im folgenden der Stundenaufwand als Funktion der entsprechenden Einflußgrößen für insgesamt fünf Funktionsbereiche (A bis E) zu ermitteln ist. Die genaue Analyse aller Funktionsbereiche ist in SENT (1990a) ausführlich dargestellt. Deswegen soll im Rahmen dieser Ausführungen exemplarisch ein Funktionsbereich detailliert untersucht werden. Da im Funktionsbereich B alle wesentlichen Aspekte zur Geltung kommen, soll dieser Bereich beispielhaft analysiert werden. Für die übrigen Funktionsbereiche sind die für das Verständnis notwendigen Ergebnisse in SENT (1990a) dargestellt.

Um den direkten Bezug zu den ausführlichen Darstellungen in SENT (1990a) sicherzustellen, werden in den folgenden Kapiteln die selben Formelnummern und Variablennummern wie in der o.g. Literaturstelle eingesetzt.

4.2.1 Homogenisierung der Datenbasis

Vor der Analyse der Datenbasis für den Funktionsbereich B ist eine Homogenisierung des gesamten Datenbestandes notwendig. Folgendes Beispiel soll diese Vorgehensweise veranschaulichen. Die bereinigten Werte (STB) können anhand der erhobenen unbereinigten Stundenwerte (STU), wie in dem untenstehenden Beispiel dargestellt, berechnet werden. Für die Monate Januar bis Dezember sind die folgenden unbereinigte Stundenwerte erhoben worden:

{70, 82, 632, 300, 120, 321, 107, 125, 89, 63, 123, und 72}

Aus diesem Zahlenmaterial können folgende Kennzahlen errechnet werden:

- SUM_{STU} = 2104 Stunden (Summe der unbereinigten Monatsstundenwerte),
- M_{STU} = 175,33 Stunden (Monatsmittel der unbereinigten Stundenwerte) und
- S_{STU} = 167,57 Stunden (Standardabweichung der unbereinigten Stundenwerte).

Als Grundlage für die Berechnung der Jahressumme der bereinigten Stundenwerte STB dienen alle Werte, die innerhalb des Bereiches:

$$[0, M_{STU} + K * S_{STU}] \qquad \text{(F 3.1)}$$

liegen (BARTSCH 1980, S. 450). Im betrachteten Untersuchungsfeld wurde die Konstante K sinnvoll mit K = 1 definiert. Damit werden Ausreißerwerte, die größer sind als $M_{STU} + S_{STU}$ (= 342,9 Std.), nicht weiter berücksichtigt. Es ergibt sich dementsprechend ein neuer Mittelwert M_{STB} aus denjenigen Werten, die innerhalb des Bereiches nach der Formel (F 3.1) liegen. Aus den 11 Werten {70, 82, 300, 120, 321, 107, 125, 89, 63, 123, und 72} errechnet sich ein Mittelwert von 133,81 Stunden. Die Jahressumme der bereinigten Stundenwerte ergibt sich dann als $SUM_{STB} = 12 * M_{STB}$ = 1605,8 Stunden. Die Durchführung dieser Berechnung ist in Abbildung 4.5 dargestellt.

4.2.2 Anwendung der Korrelationsanalyse

Aufbauend auf der Bereinigung der Datenbasis nach der Formel F 3.1 kann jetzt eine Korrelationsanalyse der sachlogisch abgeleiteten Zuordnung von Einfluß- und Zielgrößen durchgeführt werden. Diese Zuordnung ist in dem Kapitel 4.1.2 hergeleitet und in der Abbildung 4.4 zusammenfassend dargestellt.

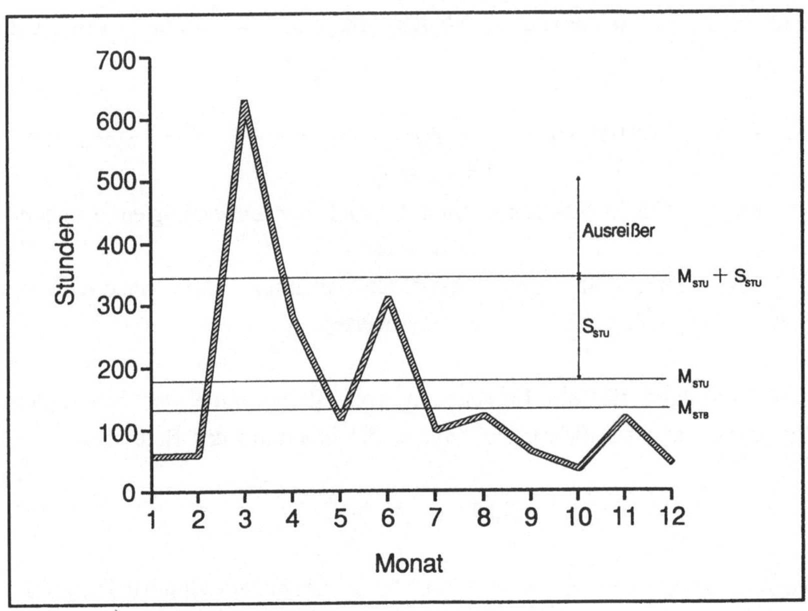

Abb. 4.5: Bereinigung der erhobenen Monatsstunden

Die Ergebnisse der Korrelationsanalyse sind auf der Basis der sachlogisch abgeleiteten Zuordnungsmatrix in Abbildung 4.6 dargestellt.

Im folgenden werden nur Einflußgrößen aus dieser Matrix berücksichtigt, deren Korrelationskoeffizient mit den Zielgrößen über 0.5 liegt. Für den schraffierten Funktionsbereich B zeigt diese Matrix, daß sowohl der Auslastungsgrad dieses Funktionsbereichs (AGB) als auch die erhobenen Reinigungsleistungen (BSB5, CSB, NH4N und PHG) einen vernachlässigbaren Einfluß auf die Ermittlung des Stundenaufwandes besitzen.

Der geringe Korrelationskoeffizient der Einflußgröße AGB und der daraus resultierende Ausschluß dieses Parameters wird das Gesamtergebnis nicht wesentlich beeinträchtigen, da über die Einflußgröße Jah-

Variablen	Zielgrößen									
	STAB	STBB	STCB	STDB	STEB	INSTA	INSTB	INSTC	INSTD	INSTE
AGB		0.08								
AGD				- 0,31						
BSB5		0,09	- 0,43	- 0,02						
CSB		0,04	0,06	- 0,02						
EWB		0,77	0,79	0,59	0,87		0,53	0,70	0,29	0,26
EWCB		0,77	0,81	0,59	0,88		0,54	0,75	0,29	0,32
EWPLAN	0,92	0,83	0,73	0,68	0,92	0,55	0,47	0,43	0,27	0,41
FL	0,85	0,81	0,71	0,78	0,75	0,65	0,60	0,34	0,43	0,47
HYDR	0,75	0,65	0,84	0,58	0,71	0,73	0,69	0,80	0,40	0.29
JAW		0,71	0,91	0,60	0,73		0,72	0,83	0,41	0,43
NH4N		- 0,05	- 0,30	- 0,19						
PHG		0,49	0,43	0,34						
RG		0,73					0,64			
SCHLAMM					- 0,24					- 0,25
SVBB		0,56					0,70			
SVBD				0,63					0,38	
SVBE					0,93					0,35

Abb. 4.6: Korrelationskoeffizientenmatrix

resabwassermenge (JAW) und die hydraulische Kapazität (HYDR) der Auslastungsgrad (AGB) direkt ermittelt werden kann.

Als signifikantes Ergebnis ist vielmehr besonders hervorzuheben, daß bei den Parametern, die den Aspekt der Fertigungsqualität beschreiben, der Einfluß auf den Stundenaufwand statistisch nicht abgesichert ist.

Mit diesen Problemen sind schon HOFFMANN (1979, S. 164) und HEBERLING u.a. (1975, S. 206 ff) konfrontiert worden, ohne eine Lösung zu bieten. LONDONG (1971, S. 109 ff) hat in diesem Zusammenhang die Einführung eines modifizierten Einwohnergleichwertes vorgeschlagen. Dieser modifizierte Wert berücksichtigt mehrere Einflußgrößen. Wie jedoch die einzelnen Größen den Stundenaufwand beeinflussen, wird auch von diesen Autoren nicht nachgewiesen. Auch NEGAARD (1975, S. 60) und SHAH u.a. (1970, S. 776 ff) haben in ihren Untersuchungen die Reinigungsleistung als Parameter berücksichtigt. Sie konnten jedoch ebenfalls den Einfluß auf den Stundenaufwand im einzelnen nicht nachweisen.

Der Instandsetzungsaufwand wird aufgrund der Korrelationskoeffizienten durch alle theoretisch abgeleiteten Einflußgrößen beeinflußt. Nur der Korrelationskoeffizient des Parameters EWPLAN liegt unter 0.5, so daß dieser Parameter in den weiteren Untersuchungen nicht berücksichtigt wird.

4.2.3 Anwendung der Regressionsanalyse

Aufbauend auf den Ergebnissen der Korrelationsanalyse werden mit dem Verfahren der Regressionsanalyse die funktionalen Zusammenhänge zwischen dem Stundenaufwand und seinen relevanten Einflußgrößen abgeleitet. Dabei soll an dieser Stelle weiterhin eine Vorgehensweise zur Vereinfachung des Verfahrens unter Berücksichtigung der dadurch entstehenden Qualitätsbeeinträchtigung dargestellt werden.

4.2.3.1 Betrachtung der Gesamtstunden (STFB)

Da im Rahmen der Regressionsanalyse eine multivariate Problemstellung mit mehreren Einflußgrößen zu lösen ist, wird zunächst mit einer einfachen Regressionsrechnung der funktionale Zusammenhang zwischen jeder einzelnen Einflußgröße und der Zielgröße einzeln bestimmt.

Basierend auf den Ergebnissen der einfachen Regression wird mit dem Verfahren der multiplen, linearen Regressionsrechnung der Zusammenhang zwischen einer Zielgröße und allen Einflußgrößen, die für die Zielgröße relevant sind, bestimmt. Über eine abschließende Betrachtung des Bestimmtheitsmaßes und des Maßes für die Multikollinearität zwischen den einzelnen Einflußgrößen kann die Anzahl der zu berücksichtigenden Größen eventuell reduziert werden. Diese Reduzierung, die unter Beachtung der Genauigkeit der Gleichung durchgeführt wird, ermöglicht eine Minimierung des Aufwandes bei der Durchführung des Verfahrens.

Einfache Regression:

In diesem Kapitel soll exemplarisch die Durchführung der einfachen Regressionanalyse für die Einflußgröße EWB vorgestellt werden. Die Behandlung der übrigen Einflußgrößen ist in SENT (1990a) dargestellt. In dieser Literaturstelle sind die einfachen Regressionsformeln (F 4.18 bis F 4.24) für die Einflußgrößen EWCB, EWPLAN, FL, HYDR, JAW, RG und SVBB erläutert.

$STFB^* = f(EWB)$:
Die angenommene Funktion $STFB^* = a * [1 - \exp(- EWB/b)]$ mit den Startwerten (1000,15000) ergab die Formel (F 4.17), die in Abbildung 4.7 dargestellt ist.

$$STFB^* = 903.758 * [1 - \exp(- EWB/12332.597)] \qquad (F\ 4.17)$$

Multiple, lineare Regression:

Die von SENT (1990a) abgeleiteten Funktionen (F 4.17), (F 4.18), (F 4.19), (F 4.20), (F 4.21), (F 4.22), (F 4.23) und (F 4.24) werden

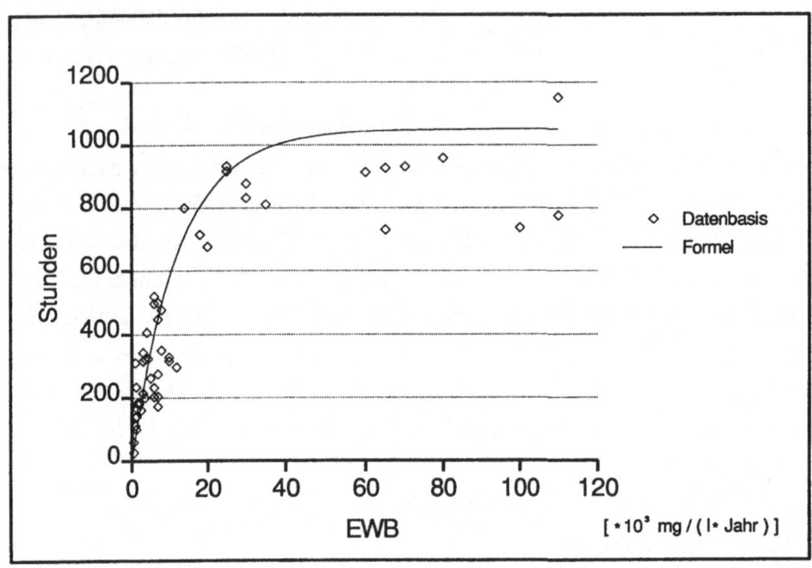

Abb. 4.7: Gesamtstunden des Funktionsbereichs B als Funktion von EWB

nun linearisiert und dazu folgenden Variablen zugeordnet:

C47 = STFB* als f(EWB), errechnet aus (F 4.17)
C48 = STFB* als f(EWCB), errechnet aus (F 4.18)
C49 = STFB* als f(EWPLAN), errechnet aus (F 4.19)
C50 = STFB* als f(FL), errechnet aus (F 4.20)
C51 = STFB* als f(HYDR), errechnet aus (F 4.21)
C52 = STFB* als f(JAW), errechnet aus (F 4.22)
C53 = STFB* als f(RG), errechnet aus (F 4.23)
C54 = STFB* als f(SVBB), errechnet aus (F 4.24)

Wird STFB als multiple, lineare Funktion von den Variablen C47, C48, C49, C50, C51, C52, C53, und C54 dargestellt, ergibt sich eine Regressionsgleichung mit dem Bestimmtheitsmaß B = 0.8911 und der

Multikollinearität D = 0.7321. Aufgrund des hohen Maßes für die Multikollinearität, die die Interkorrelation zwischen den diversen Einflußgrößen beschreibt, wird iterativ die Zahl der Einflußgrößen reduziert. In Anlehnung an die theoretischen Betrachtungen bei der Entwicklung einer Vorgehensweise wird eine Funktion zwischen der Zielgröße STFB und einer möglichst geringen Zahl der Einflußgrößen ermittelt. Dabei wird diese Reduzierung unter besonderer Berücksichtigung der Genauigkeit der Funktion, die durch das Bestimmtheitsmaß beschrieben wird, realisiert. Dieser Ansatz führt dazu, daß im folgenden nur noch die Parameter EWPLAN, FL, HYDR und RG weiter betrachtet werden.

Aufgrund dieser Überlegungen wird die folgende multiple Regression für STFB (F 4.25) angenommen:

$$STFB = a * C49 + b * C50 + c * C51 + d * C53 + e \qquad (F\ 4.25)$$

Mit Hilfe des Verfahrens der multiplen, linearen Regression werden folgende Parameterwerte geschätzt:

$a^* = 0.21477$, $b^* = 0.25676$, $c^* = 0.29537$, $d^* = 0.31197$ und
$e^* = -33.160$

die zusammen mit (F 4.19), (F 4.20), (F 4.21) und (F 4.23), eingesetzt in (F 4.25), die Regressionsgleichung (F 4.26) für STFB des Funktionsbereichs B für Kläranlagen ergeben:

$$\begin{aligned} STFB = {} & 3.114 * [EWPLAN]^{0.361} + 247.261 * [1 - \exp(- FL/3.132)] + \\ & 260.662 * [1 - \exp(1 - \dot{H}YDR/2641304.12)] + \\ & 289.447 * [1 - \exp(- RG/117.163)] - 33.163 \qquad (F\ 4.26) \end{aligned}$$

Diese Gleichung gilt für folgende Intervallwerte der Einflußgrößen:

600 < EWPLAN < 109000,

$0.33 < FL < 11.46$,
$350400 < HYDR < 5256000$ und
$8.47 < RG < 783.20$.

Das Bestimmtheitsmaß beträgt B = 0.8852 und die Multikollinearität D = 0.1468. Durch die Reduzierung der acht anfänglichen Einflußgrößen auf die vier wesentlichen Einflußgrößen konnte die Multikollinearität deutlich von 73.21% auf 14.68% reduziert werden. Gleichzeitig liegt das Bestimmtheitsmaß der neuen Regressionsgleichung mit 88.52% nur geringfügig unter dem Bestimmtheitsmaß der alten Regressionsgleichung von 89.11%. Durch die Eliminierung der unwesentlichen Einflußgrößen kann bei nahezu gleichbleibender Güte der Regression der Aufwand zur Ermittlung des Stundenbedarfes reduziert werden. Bei der Anwendung des Verfahrens bildet diese Optimierung wegen der Reduzierung des Erhebungsaufwandes und der Vereinfachung der mathematischen Operationen einen wesentlichen Kostenvorteil.

Test des Bestimmtheitsmaßes:

Der Test des Bestimmtheitsmaßes wird in Anlehnung an die im vorherigen Kapitel dargestellte Vorgehensweise durchgeführt. Als Maß für die Fischersche F-Verteilung ergibt sich:

$$F = 7.24 > F_{52,47,0.005} = 2.10$$

Das Bestimmtheitsmaß ist bei einer Irrtumswahrscheinlichkeit von α = 0.005 gesichert.

Test der Regressionskoeffizienten:

Anhand des t-Testes werden die einzelnen Regressionsparameter für die ermittelte Gesamtgleichung getestet.

Regressionsparameter für C49:

Für den Regressionsparameter $a^* = 0.21477$ können die Werte:

$N = 0.18904$ (tatsächlicher Regressionsparameter) und
$S_{a^*} = 0.16129$ (Standardabweichung von a^*)

errechnet werden. Damit ergibt sich folgender Wert für t:

$$t = \frac{a^* - N}{S_{a^*}} = 0.1595 < t_{47,0.001} = 3.27$$

Durch diesen Nachweis gilt a^* als statistisch gesichert bei einer Irrtumswahrscheinlichkeit von $\alpha = 0.001$.

Für die folgenden Regressionsparameter werden diese Tests nur noch mit den relevanten Zahlenwerten dargestellt.

Regressionsparameter für C50:
$b^* = 0.25676$, $N = 0.22609$ und $S_{b^*} = 0.16007$ ergeben

$t = 0.1916 < t_{47,0.001} = 3.27$

b^* ist statistisch gesichert bei einer Irrtumswahrscheinlichkeit von $\alpha =$ 0.001.

Regressionsparameter für C51:
$c^* = 0.29537$, $N = 0.27552$ und $S_{c^*} = 0.16722$ ergeben

$t = 0.1187 < t_{47,0.001} = 3.27$

c^* ist statistisch gesichert bei einer Irrtumswahrscheinlichkeit von $\alpha =$ 0.001.

Regressionsparameter für C53:
$d^* = 0.31197$, $N = 0.29066$ und $S_{d^*} = 0.12127$ ergeben

$t = 0.1757 < t_{47,0.001} = 3.27$

d^* ist statistisch gesichert bei einer Irrtumswahrscheinlichkeit von α = 0.001.

Berechnung eines 90%-igen Vertrauensbereiches:

Mit den Werten $t_{47,0.1} = 1.676$ und $s_e = 107.39$ ergeben sich die Grenzen für den Vertrauensbereich zu:

$$V_{STFB} = \pm\ 1.676 * 107.56$$

$$V_{STFB} = \pm\ 179.99 \qquad (F\ 4.27)$$

Gemäß der oben durchgeführten Tests kann angenommen werden, daß (F 4.26) kombiniert mit dem Vertrauensbereich (F 4.27), die optimale Regressionsgleichung für STFB für Kläranlagen ist. Bei der Anwendung dieser Formel sind folgende Punkte zu berücksichtigen:

- die Intervallgrenzen für die einzelnen Einflußgrößen,
- eine statistische Sicherheit und
- ein Vertrauensbereich mit der die errechnete Gleichung zu interpretieren ist.

4.2.3.2 Betrachtung der Instandsetzungsstunden (INSTFB)

Die Ausführungen zur Durchführung der linearen Regressionsansätze zur Bestimmung des Instandsetzungsaufwandes sind in SENT (1990a) aufgeführt. Aufbauend auf diese Ansätze wird die multiple, lineare Regression durchgeführt.

Multiple, lineare Regression:

Die von SENT (1990a) abgeleiteten Funktionen (F 4.28), (F 4.29), (F 4.30), (F 4.31), (F 4.32), (F 4.33) und (F 4.34) werden nun linearisiert und dazu folgenden Variablen zugeordnet:

C55 = INSTFB* als f(EWB), errechnet aus (F 4.28)
C56 = INSTFB* als f(EWCB), errechnet aus (F 4.29)
C57 = INSTFB* als f(FL), errechnet aus (F 4.30)
C58 = INSTFB* als f(HYDR), errechnet aus (F 4.31)
C59 = INSTFB* als f(JAW), errechnet aus (F 4.32)
C60 = INSTFB* als f(RG), errechnet aus (F 4.33)
C61 = INSTFB* als f(SVBB), errechnet aus (F 4.34)

Wird INSTFB als multiple, lineare Funktion von den Variablen C55, C56, C57, C58, C59, C60, und C61 dargestellt, ergibt sich eine Regressionsgleichung mit dem Bestimmtheitsmaß B = 0.6112 und der Multikollinearität D = 0.5121. Aufgrund der hohen Multikollinearität werden nur noch die Einflußgrößen EWB, HYDR, RG und SVBB bei der multiplen Regression berücksichtigt.

Dazu wird die folgende multiple Regression (F 4.35) angenommen:

$$INSTFB = a * C55 + b * C58 + c * C60 + d * C61 + e \qquad \text{(F 4.35)}$$

Mit Hilfe des Verfahrens der multiplen, linearen Regression werden folgende Parameterwerte geschätzt:

$a^* = -0.86909$, $b^* = 0.81138$, $c^* = 0.43556$, $d^* = 0.56272$ und $e^* = 10.984$

die zusammen mit (F 4.28), (F 4.31), (F 4.33) und (F 4.34), eingesetzt in (F 4.35), die Regressionsgleichung (F 4.36) für INSTFB des Funktionsbereichs B für Kläranlagen ergeben:

$$INSTFB = -1.307 * [EWB]^{0.455} + 0.018 * [HYDR]^{0.559} + 2.081 * [RG]^{0.668} + 0.289 * [SVBB]^{0.511} + 10.98 \qquad (F\ 4.36)$$

Diese Gleichung gilt für folgende Intervallwerte der Einflußgrößen:

600 < EWPLAN < 109000,
350400< HYDR < 5256000,
8.47 < RG < 783.20 und
2325 < SVBB < 522839.

Das Bestimmtheitsmaß dieser Regression beträgt B = 0.6135 und die Multikollinearität D = 0.0932. Durch die Reduzierung von 7 Einflußgrößen auf 4 Einflußgrößen wurde die Multikollinearität von 51.21% auf 9.32% gesenkt. Gleichzeitig bleibt die Güte der Regression nahezu erhalten.

Berechnung eines 90%-igen Vertrauensbereiches:

Mit den Werten $t_{47,0.1}$ = 1.676 und s_e = 76.42 ergeben sich die Grenzen für den Vertrauensbereich zu:

$$V_{INSTFB} = \pm\ 128.08 \qquad (F\ 4.37)$$

Gemäß der oben durchgeführten Tests kann angenommen werden, daß (F 4.36) kombiniert mit dem Vertrauensbereich (F 4.37) die optimale Regressionsgleichung für INSTFB für Kläranlagen ist. Dabei ist jedoch zu beachten, daß auch in diesem Funktionsbereich die Güte der Regression mit 61.35% nur knapp über der geforderten 60% Grenze liegt. Die Anwendung dieser Regressionsgleichung ist also verglichen mit den anderen Regressionsgleichungen mit einer relativ hohen statistischen Unsicherheit versehen.

Aus diesem Ergebnis kann die Schlußfolgerung gezogen werden, daß die Arbeitsschritte "Anlagengliederung" und "Ermittlung der Einflußgrößen" erneut durchgeführt werden sollten. Grundsätzlich zeigt jedoch dieses Ergebnis auch, daß der gewählte anlagenorientierte Ansatz sowohl zur Bestimmung des Gesamtstundenaufwandes als auch für die Ermittlung des Instandsetzungsaufwandes eingesetzt werden kann. Deswegen wird im Rahmen dieser Ausführungen auf die Durchführung von Maßnahmen zur Verbesserung des Ergebnisses verzichtet.

4.3 Konzeption des Soll-Zustandes

4.3.1 Berechnung des Personaleinsatzbedarfs

Der für eine gesamte Kläranlage erforderliche Gesamtstundenaufwand kann durch eine Summation der Einzelaufwendungen ermittelt werden. Dieser Gesamtaufwand gilt wie auch die Einzelaufwendungen innerhalb gewisser Grenzen, die durch den Vertrauensbereich dargestellt werden.

Dieser Vertrauensbereich V_{STF} des errechneten Gesamtstundenaufwandes für Kläranlagen STF kann durch die Gleichung (F 4.84) berechnet werden (DIN 1319 1983, S. 3 und GAST u.a. 1986, S. 123 ff):

$$V_{STF}^2 = \quad (g_a * V_{STFA})^2 + \dots + (g_e * V_{STFE})^2 \qquad \text{(F 4.84)}$$

Wobei V_{STFA}, ..., V_{STFE} die einseitigen Vertrauensbereiche der Regressionsfunktionen sind. Die Gewichtungsfaktoren g_a, ..., g_e werden aufgrund der theoretischen Überlegungen mit $g_a = g_b = g_c = g_d = g_e = 1$ besetzt. Diese Faktoren geben an, wie oft die einzelne Regressionsfunktion in der Gesamtgleichung (F 4.84) zu berücksichtigen ist.

4.3.2 Berechnung des Soll-Personalbestands

Für den Untersuchungsbereich wird der zu berücksichtigende Reservebedarf aus einer statistischen Auswertung mehrerer Jahre ermittelt. Diese Statistik wurde in den Jahren 1985, 1986, 1987 und 1988 ausgewertet. Dabei werden sowohl die Fehltage innerhalb der Lohnfortzahlung als auch die Fehltage außerhalb der Lohnfortzahlung berücksichtigt. Beide Arten der Fehltage müssen durch zusätzliches Personal abgedeckt werden und führen damit zu einer Erhöhung des gesamten Personalbestandes. Im Rahmen der durchgeführten Untersuchungen ergab sich für die Fehlzeit eine Größenordnung von 10% der gesamten Arbeitszeit im Arbeiterbereich.

Die Ermittlung des Soll-Personalbestands ergibt sich damit abschließend aus der Addition von Personaleinsatz- und Personalreservebedarf:

$$SPB = PEB + PRB = 1{,}1 * PEB \qquad \text{(F 4.85)}$$

Abschließend sei an dieser Stelle noch einmal hervorgehoben, daß ein mit der Formel F 4.85 errechnetes Ergebnis keinen Anspruch auf absolute Richtigkeit erhebt. Wie jedes statistisch abgeleitete Ergebnis stellt auch dieser Zahlenwert nur eine Größenordnung dar, die

- nur innerhalb des vorgegebenen Geltungsbereiches und
- nur innerhalb eines errechneten Vertrauensbereiches

mit einer hohen statistischen Sicherheit interpretiert werden kann.

5. Exemplarische Anwendung des entwickelten Verfahren

Die Anwendung des entwickelten Verfahrens an einem konkreten Beispiel verdeutlicht die Vorgehensweise und die dazu notwendigen Daten.

Die untersuchte Anlage (Abbildung 5.1) besteht aus einem mechanischen und biologischen Reinigungsteil mit zugehöriger Schlammverwertung. Damit bleibt bei der Analyse der konkreten Anlage der Funktionsbereich C "Chemie" unberücksichtigt.

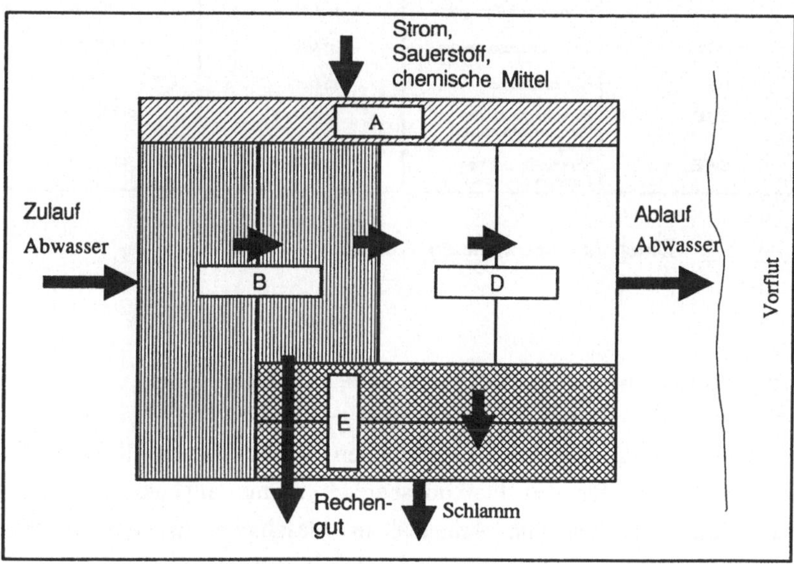

Abb. 5.1: Prinzipskizze der untersuchten Anlage

In Anlehung an die zuvor abgeleiteten Funktionsbereiche wird diese Anlage durch die Funktionsbereiche A, B, D und E gebildet. Im folgenden wird zunächst der Stundenaufwand für jeden einzelnen Funktionsbereich ermittelt, um daraus auf den Gesamtaufwand und damit auf den Personalbedarf für die komplette Anlage zu schließen.

In der folgenden Abbildung 5.2 sind die zur Personalbedarfsplanung erforderlichen Einflußgrößen mit ihren konkreten Werten dargestellt.

Anlagendaten			
Kurzbezeichnung	**Bezeichnung**	**Dimension**	**Wert**
EWB	biologischer Einwohnerwert	mg/(l·Jahr)	70.000
EWCB	chemisch-biologischer Einwohnerwert	mg/(l·Jahr)	105.000
EWPLAN	geplanter Einwohnerwert	mg/(l·Jahr)	109.000
FL	Fläche	ha	10,85
HYDR	hydraulische Kapazität	m^3/Jahr	4.985.000
JAW	Jahresabwassermenge	m^3/Jahr	2.230.085
RG	Rechengutanfall	m^3/Jahr	278,74
SVBD	Stromverbrauch des Funktionsbereichs D	kWh/Jahr	455.531,12
SVBE	Stromverbrauch des Funktionsbereichs E	kWh/Jahr	302.631,6

Abb. 5.2: Daten der betrachteten Anlage

5.1 Funktionsbereich A der betrachteten Anlage

In den vorausgegangenen Ausführungen wurde dargestellt, daß der Stundenaufwand für den Funktionsbereich A mit allgemeinen Aufgaben, Geländearbeiten und Arbeiten an Maschinen, die den anderen Funktionsbereichen nicht zugeordnet werden können, durch die folgenden Einflußgrößen ermittelt werden kann:

- EWPLAN: geplanter Einwohnerwert [mg/(l*Jahr)]
- FL: Fläche [ha]
- HYDR: hydraulische Kapazität [m^3/Jahr]

Unter Anwendung der Formel F 4.5 ergibt sich für die betrachtete Anlage mit den in Abbildung 5.2 dargestellten Daten folgender Stundenaufwand für den Funktionsbereich A:

STFA = 563 Stunden

Dieser Stundenaufwand kann mit einem Bestimmtheitsmaß von B = 0,8752 ermittelt werden. Der 90%-tige Vertrauensbereich ist durch die Grenzen von 364 Stunden bis 762 Stunden gegeben.

5.2 Funktionsbereich B der betrachteten Anlage

In den vorausgegangenen Ausführungen wurde dargestellt, daß der Stundenaufwand für den Funktionsbereich B "Abwassertransport" und "mechanische Behandlung" durch die folgenden Einflußgrößen ermittelt werden kann:

- EWPLAN: geplanter Einwohnerwert [mg/(l*Jahr)]
- FL: Fläche [ha]
- HYDR: hydraulische Kapazität [m^3/Jahr]
- RG: Rechengut [m^3/Jahr]

Unter Anwendung der Formel F 4.26 ergibt sich für die betrachtete Anlage mit den in Abbildung 5.2 dargestellten Daten folgender Stundenaufwand für den Funktionsbereich B:

STFB = 809 Stunden

Dieser Stundenaufwand kann mit einem Bestimmtheitsmaß von B = 0,8852 ermittelt werden. Der 90%-tige Vertrauensbereich ist durch die Grenzen von 629 Stunden bis 989 Stunden gegeben.

5.3 Funktionsbereich D der betrachteten Anlage

In den vorausgegangenen Ausführungen wurde dargestellt, daß der Stundenaufwand für den Funktionsbereich D "Biologie" und "Dritte Reinigungsstufe" durch die folgenden Einflußgrößen ermittelt werden kann:

- EWB: biologischer Einwohnerwert [mg/(l*Jahr)]
- FL: Fläche [ha]
- JAW: Jahresabwassermenge [m^3/Jahr]
- SVBD: Stromverbrauch Funktionsbereich D [kWh/Jahr]

Unter Anwendung der Formel 4.72 ergibt sich für die betrachtete Anlage mit den in Abbildung 5.2 dargestellten Daten folgender Stundenaufwand für den Funktionsbereich D:

STFD = 584 Stunden

Dieser Stundenaufwand kann mit einem Bestimmtheitsmaß von B = 0,8752 ermittelt werden. Der 90%-tige Vertrauensbereich ist durch die Grenzen von 281 Stunden bis 887 Stunden gegeben.

5.4 Funktionsbereich E der betrachteten Anlage

In den vorausgegangenen Ausführungen wurde dargestellt, daß der Stundenaufwand für den Funktionsbereich E "Schlammbehandlung" und "Schlammbeseitigung" durch die folgenden Einflußgrößen ermittelt werden kann:

- EWB: biologischer Einwohnerwert [mg/(l*Jahr)]
- EWCB: chemisch-biologischer Einwohnerwert [mg/(l*Jahr)]
- EWPLAN: geplanter Einwohnerwert [mg/(l*Jahr)]
- FL: Fläche [ha]

- HYDR: hydraulische Kapazität [m^3/Jahr]
- JAW: Jahresabwassermenge [m^3/Jahr]
- SVBE: Stromverbrauch Funktionsbereich E [kWh/Jahr]

Unter Anwendung der Formel F 4.72 ergibt sich für die betrachtete Anlage mit den in Abbildung 5.2 dargestellten Daten folgender Stundenaufwand für den Funktionsbereich E:

STFE = 279 Stunden

Dieser Stundenaufwand kann mit einem Bestimmtheitsmaß von B = 0,8752 ermittelt werden. Der 90%-tige Vertrauensbereich ist durch die Grenzen von 25 Stunden bis 533 Stunden gegeben.

5.5 Ermittlung des Gesamtstundenaufwands für die betrachtete Anlage

Der Gesamtaufwand der betrachteten Anlage wird jetzt über die Summation der Einzelaufwendungen für die Funktionsbereiche A, B, D und E zu

STF = 2.235 Stunden

errechnet.

Für diesen Gesamtstundenaufwand kann mit Formel F 4.84 folgender Vertrauensbereich berechnet werden:

$$V_{ST} = 2.235 \pm 478 \text{ Stunden}$$

Innerhalb dieser Grenzen liegt mit dem Bestimmtheitsmaß der Einzelfunktionen der Personalbedarf für die betrachtete Anlage.

Die errechneten Größen sind zusammenfassend in der Abbildung 5.3 dargestellt:

Funktionsbereich	gesamter Stundenaufwand	Bestimmtheitsmaß	Vertrauens-bereich 90 %
A	904	0,8752	199
B	895	0,8852	180
D	1045	0,6993	303
E	1415	0,9246	254
Summe	4259		478

Abb. 5.3: Errechnete Stundenbedarfe für die betrachtete Anlage

5.6 Ableitung des Soll-Personalbestands

Mit dem errechneten Gesamtstundenaufwand von 2.235 Stunden einer wöchentlichen Arbeitszeit von 40 Stunden kann unter Berücksichtigung des Zuschlagsfaktor für den Reservebedarf mit der Formel F 4.85 folgender Bedarf errechnet werden:

- Der Gesamt-Soll-Stundenaufwand ergibt sich zu 2.459 Stunden und
- der Soll-Personalbestand beträgt 1,2 Mitarbeiter für die untersuchte Anlage.

Abschließend wurden in Kapitel 4 ausdrücklich die Randbedingungen hervorgehoben, mit der dieses Ergebnis zu interpretieren ist. Mit der Anwendung der vorgestellten statistischen Verfahren kann mit einer Sicherheit von 90% geschlossen werden, daß der errechnete Stundenaufwand innerhalb der Grenzen zwischen 1.932 Stunden und 2.984 Stunden liegen wird. Damit liegt die erforderliche Soll-Personalkapazität zwischen 1 und 1,5 Mitarbeitern.

6. Zusammenfassung

Die Personalbedarfsplanung bildet den Ausgangspunkt der Personalplanung und beeinflußt damit die gesamten Folgekosten des Personalbereiches. Dabei zeigt sich für kontinuierliche Fertigungsprozesse, daß der Personalaufwand eine starke Beziehung zu den Prozeßparametern der Fertigung aufweisen. Aus diesem Grund ist im Rahmen dieser Arbeit ein Modell für die anlagenorientierte Personalbedarfsplanung für kontinuierliche Fertigungsprozesse entwickelt worden.

In einem ersten Schritt wird dazu die betrachtete Anlage in signifikante Funktionsbereiche gegliedert. Die systematische Untersuchung der Unternehmensfunktionen "Anlagenplanung", "Betriebsführung" und "Instandhaltung" ermöglicht die zielgerichtete Ableitung einer Anlagengliederung.

Im zweiten Schritt werden die planungsrelevanten Einflußgrößen sachlogisch auf der Basis der Analyse eines kontinuierlichen Fertigungsprozesses unter besonderer Berücksichtigung der Aspekte "Objektivität" und "Praktikabilität" abgeleitet und erörtert.

Mit den erarbeiteten Einflußgrößen wird im dritten Arbeitsschritt für jeden einzelnen Funktionsbereich der funktionale Zusammenhang zwischen den Einflußgrößen und den jeweiligen Zielgrößen berechnet und transparent dargestellt. Dabei kommen im wesentlichen die Methoden der Korrelations- und Regressionsrechnung zum Einsatz:

- Berechnung des Korrelationskoeffizienten nach Bravais-Pearson,
- Anwendung der einfachen, linearen Regression,
- Anwendung der mehrfachen, linearen Regression und
- Anwendung der einfachen, nicht linearen Regression.

Die Kombination dieser Modelle ermöglicht die Beschreibung einer Zielgröße durch mehrere Einflußgrößen über einen multiplen, nicht linearen Funktionsansatz.

Zusätzlich zu der Erarbeitung der funktionalen Beziehungen unter Berücksichtigung aller relevanten Einflußgrößen wird der Optimierung der entwickelten Vorgehensweise besondere Bedeutung beigemessen. Dazu wird unter Berücksichtigung der Genauigkeit der Funktion die Zahl der einzusetzenden Einflußgrößen iterativ minimiert.

Wegen der ständigen Variation der tariflichen Arbeitszeit ist das Modell flexibel zur Ermittlung des Soll-Personalbestands konzipiert worden. Mit der gültigen tariflichen Arbeitszeit kann aus der Summe der einzelnen, funktionsbereichsbezogenen Stundenaufwände der gesamte Personaleinsatzbedarf errechnet werden. Mit einem prozentualen Faktor, der aus einer mehrjährigen Analyse einer Fehlzeitenstatistik abgeleitet wird, wird der Personalreservebedarf ermittelt. Die Addition von Personaleinsatz und -reservebedarf ergibt den Soll-Personalbestand.

Eine Verifizierung der entwickelten Vorgehensweise wurde am Beispiel von Kläranlagen durchgeführt. Bei den kontinuierlichen Fertigungsprozessen zur Abwasserreinigung hat sich gezeigt, daß ein enger Zusammenhang zwischen den prozeßbeschreibenden Einflußgrößen - z.B. Jahresabwassermenge, Stromverbrauch oder Einwohnerwert - und dem zum Betreiben einer Kläranlage erforderlichen Stundenaufwand besteht. Abbildung 6.1 verdeutlicht anhand einer Untersuchung von 26 Kläranlagen im Zeitraum 1979 bis 1988, daß zur Beschreibung des Stundenaufwandes die singuläre Berücksichtigung einer Einflußgröße nur unzureichende Ergebnisse liefert.

Im Rahmen einer multiplen Längsschnittanalyse sind die Daten von insgesamt 26 Anlagen in unterschiedlichen Jahren erhoben worden. Für die einzelnen Funktionsbereiche wird unter gleichzeitiger Berücksichtigung aller relevanten Einflußgrößen über die abgeleiteten Regressions-

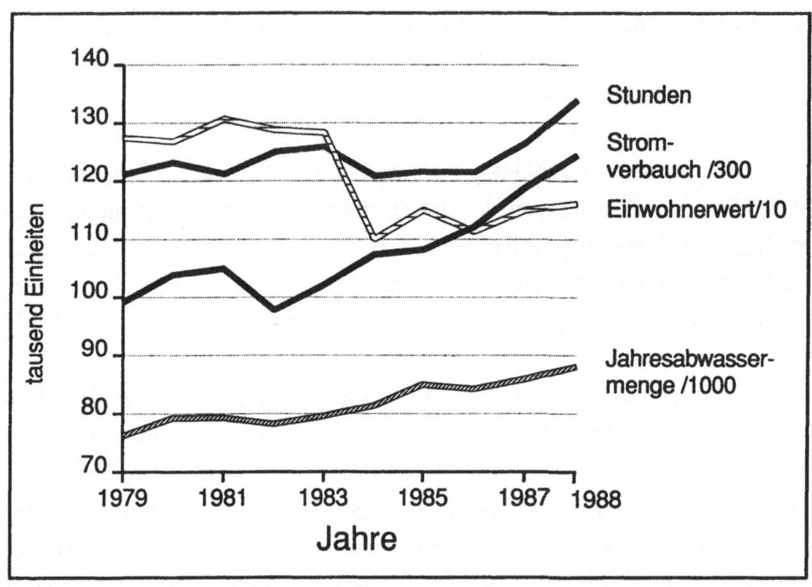

Abb. 6.1: Einfluß einzelner Einflußgrößen auf den Stundenaufwand

funktionen der Stundenaufwand statistisch ermittelt. Die Berechnung von Vertrauensbereichen ermöglicht eine abschließende Aussage zur statistischen Sicherheit mit der die berechneten Stundenaufwände zu interpretieren sind.

7. Literaturverzeichnis

Andreassen, D.; Haavie, T.; Krogstad, H. E.; Nörsett, S. P.; Aasen, J. O.: Numeriske metoder (numerische Methoden). 6. Aufl., Trondheim Norwegen 1980.

ATV: Handbuch für Klärfacharbeiter. 3. Aufl., München 1978.

ATV: Lehr- und Handbuch der Abwassertechnik. Bd. III, Grundlagen für Planung und Bau von Abwasserkläranlagen und mechanische Klärverfahren. 3. Aufl., Berlin und München 1983.

ATV-Fachausschuß 2.12: Personalbedarf für Kläranlagen. In: Korrespondenz Abwasser, 27(1980)9, S. 632-638.

Bahke, E.: Materialflußsysteme. Band I: Materialflußtechnik. Mainz 1974.

Bamberg, G.; Baur, F.: Statistik. 5. Auflage. München, Wien 1987.

Baird, L.; Meshoulam, I.: Managing two fits of strategic human resource management. In: Academy of Management Review 13(1988)1, S. 116-128.

Bardens, R.; Karagrannis, D.: Wissensbasierte Systeme. Ein Ansatz für die Personalplanung. In: Personalplanung 30(1988)2, S. 71-80.

Bartge,R.: Bestimmung des quantitativen und qualitativen Personalbedarfs für Verwaltungen unter Berücksichtigung der Aufgabenzuordnung zu Stellen. Diss. Universität Karlsruhe, 1982.

Bartsch, H.-J.: Mathematische Formeln. 11. Aufl., Leipzig und Köln, 1980.

Becks, C.; Bokranz, R.: MTM-Entwicklung und Anwendung. In: MTM-Entwicklung und Anwendung, Schriftenreihe Band 21, S. 8-23 Hrsg.: Institut für angewandte Arbeitswissenschaft, Köln 1983.

Bernecker, G.: Planung und Bau verfahrenstechnischer Anlagen. - Projektmanagement und Fachplanungsfunktionen. Zweite, neubearbeitete Auflage. Düsseldorf 1980.

Bischof, W.: Abwassertechnik. 9. Aufl., Stuttgart 1989.

Bischofsberger, W.; Hegemann, H.: Lexikon der Abwassertechnik. 3. Aufl., Essen 1984.

Bischofsberger, W.; Teichmann, H.: Abwassertechnik. In: Taschenbuch der Wasserwirtschaft. Hrsg.: Bretschneider, H. u.a.. 6. Aufl., Hamburg und Berlin 1982.

Bohnsack, A.: Spinnen und Weben. Entwicklung von Technik und Arbeit im Textilgewerbe. Hamburg 1981.

Borges, A.: Entwicklung eines Regressionsmodells zur Ermittlung universeller Planzeitwerte für Handformereien. Hrsg.: R. Hackstein, Forschungsinstitut für Rationalisierung-FIR-Aachen. Diss. RWTH Aachen 1970.

Bresser, P.: Personalbedarf in der Arbeitsplanung. Hrsg.: R. Hackstein, Forschungsinstitut für Rationalisierung-FIR-Aachen. Diss. RWTH Aachen, Berlin u.a. 1982.

Campbell, A.; Warner, M.: Microelectronics skill shortages and training strategieS. A study of selected British companies in the high technology sector. In: Journal of General Management 13(1988)4, S. 5-32

Cieplik, U.: CIM. Die computerintegrierte Fertigung als personalwirtschaftliche Zukunftsausgabe. In: Personalführung 3(1988), S. 152-155.

Clark, C. T.; Schakade, L. L.: Statistical Analysis for Administrative Decisions. Cincinnati Ohio USA 1974.

Dall, O.; Pilz, V.: Prognose des Personalbedarfs für den Bereich der industriellen Produktion. In: ZWF 70(1975)5, S. 242-248. (Forschungsinstitut für Rationalisierung-FIR-Aachen).

DGFP Personalplanung, Empfehlungen für die Praxis. Schriften der Deutschen Gesellschaft für Personalführung Bd.44. Hanstein Verlag 1979

Dichtl, E.; Kaiser, A.: Zur Verlässlichkeit der Ergebnisse empirischer Untersuchungen. In: WiSt Wirtschaftwissenschaftliches Studium München (1978) 10, S. 490492.

DIN 1319: Grundbegriffe der Meßtechnik, Teil 3. Berlin 1983.

DIN 4045: Abwassertechnik, Begriffe. Berlin 1985.

DIN 31051: Instandhaltung. Berlin 1985.

Dolezalek, C. M.; Warnecke, H. J.: Planung von Fabrikanlagen. Zweite, neubearbeitete und erweiterte Auflage unter Mitwirkung von W. Dangelmaier. Berlin u.a. 1981.

Domsch, M.: Die Planung des Personalbedarfs. In: ZfbF (1978)30, S. 111-119.

Domsch, M.: Simultane Personal- und Investitionsplanung im Produktionsbereich. Bertelsmann Universitätsverlag. Bielefeld 1970.

Driver, M. J.; Coffey, R. E.; Bowen, D. E.: Where is the HR going? In: Personell 65(1988)1, S. 28-31.

Drumm, H. J.; Scholz, Ch.: Personalplanung. Bern, Stuttgart 1983.

Drumm, H. J.; Scholz, Ch.: Personalplanung. Planungsmethoden und Methodenakzeptanz. 2., ergänzte Auflage. Bern, Stuttgart 1988.

Duschek, E.: Personalbedarfsplanung I. In: Zeitschrift für das gesamte Rechnungswesen 10(1967), S. 245-248.

Erhard, U.; Fischbach, R.; Weiler, H.: Statistik für Wirtschaftswissenschaftler. München 1977.

Eversheim, W.: Organisation in der Produktionstechnik. Band 2; Konstruktion. Düsseldorf, 1982.

Eversheim, W.: Organisation in der Produktionstechnik. Band 3; Arbeitsvorbereitung. Zweite, neubearbeitete Auflage. Düsseldorf, 1989.

Eversheim, W.: Organisation in der Produktionstechnik. Band 4; Fertigung und Montage. Zweite, neubearbeitete und erweiterte Auflage. Düsseldorf, 1989.

Extejt, M. M.; Lynn, M. P.: Expert systems as human resource management decision tools. In: Journal of Systems Management 39(1988), S. 10-15.

Falter, M.: Statistische Analyse unterschiedlich automatisierter Auftragsabwicklungsverfahren und deren Einfluß auf die Höhe der Auftragsabwicklungskosten. Hrsg.: R. Hackstein, Forschungsinstitut für Rationalisierung-FIR-Aachen. Diss. RWTH Aachen 1980.

Förster, H.-U.: Integration von flexiblen Fertigungszellen in die PPS. Hrsg.: R. Hackstein, Forschungsinstitut für Rationalisierung-FIR-Aachen. Diss. RWTH Aachen 1988.

Förster, E.; Rönz, B.: Methoden der Korrelationsanalyse. Berlin (Ost), 1979.

Frese, E.: Personalplanung. In: Handwörterbuch der Betriebswirtschaft. Hrsg.: E. Grochla und W. Wittmann. Band II 4.Aufl. Stuttgart 1975, Sp.2937-2955.

Frese, E.: Personalwirtschaft.
Hrsg.: E. Frese, Lehrstuhl für Industriebetriebslehre.
Aachen, 1986.

Fuchs, R.: Die Planung des quantitativen Personalbedarfs.
In: Schriftenreihe zur Unternehmensführung, Band 20.
Hrsg.: Prof. Dr. H. Jacob.
Wiesbaden 1974.

Funke, K.: Organisatoren-Ausbildung.
Hrsg.: Verband für Arbeitsstudien und Betriebsorganisation REFA e.V.
Darmstadt 1978.

Gabler's Wirtschaftslexikon: Wiesbaden, 11.Auflage 1983.

Gast, O.: Analyse und Grobprojektierung von Logistik-Informationssystemen.
Hrsg.: R. Hackstein, Forschungsinstitut für Rationalisierung-FIR-Aachen.
Diss. RWTH Aachen 1985.

Gast, O.; Stich, V.: Forschungsvorhaben "Entwicklung von Hilfen zur Gliederung von Arbeitsabläufen in Ablaufabschnitte und Genauigkeitsanalyse für die Bildung von Planzeiten in indirekten Bereichen".
(Forschungsinstitut für Rationalisierung-FIR-Aachen)
Aachen 1986.

Gaugler, E.: Betriebliche Personalplanung.
Eine Literaturanalyse.
Göttingen 1974.

Gaugler, E.: Integration der betrieblichen Personal- und Bildungsplanung.
In: Handbch der Personalplanung, S.287-314.
Hrsg.: H. Schmidt, H. Hagenbruck, W. Sämann.
Frankfurt 1975.

Grochla, E.: Organisations- und Personalentwicklung als Herausforderung an die Unternehmensführung.
In: Fortschrittliche Betriebsführung 32(1983) 3, S. 146-149.

Grochla, E.; Poths, W.: Modellgestützte Systemgestaltung.
Köln 1977.

Große-Oetringhaus, W. F.: Fertigungstypologie unter dem Gesichtspunkt der Fertigungsablaufplanung.
Berlin 1974.

gtz: Abwassertechnologie.
Hrsg.: Institut Fresenius GmbH u. Forschungsinstitut für Wassertechnologie RWTH Aachen.
Berlin u.a. 1984.

Gutenberg, E.: Grundlagen der Betriebswirtschaftslehre.
Erster Band: Die Produktion.
22. Auflage.
Berlin u.a. 1976.

Hackstein, R.: Arbeitswissenschaft 1.
Hrsg.: R. Hackstein, Lehrstuhl und Institut für Arbeitswissenschaft
Aachen 1986.

Hackstein, R.: Arbeitswissenschaft und Betriebsorganisation II.
Hrsg.: R. Hackstein, Lehrstuhl und Institut für Arbeitswissenschaft.
1. Auflage.
Aachen, 1989.

Hackstein, R.: Personalwesen II.
Hrsg.: R. Hackstein, Lehrstuhl und Institut für Arbeitswissenschaft.
Aachen 1990.

Hackstein, R.; Junker, R.: Einführung neuer Technologien im Büro Herausforderung und Handlungsmöglichkeiten für das Personalwesen.
In: Personal 40(1988)1, S. 14-17.
(Forschungsinstitut für Rationalisierung-FIR-Aachen).

Hackstein, R.; Nüßgens, K. H.; Uphus, P. H.: Personalbedarfsermittlung im System Personalwesen (I).
In: Fortschrittliche Betriebsführung 20(1971)3, S. 105-124.
(Forschungsinstitut für Rationalisierung-FIR-Aachen).

Hackstein; R.; Nüssgens, K.-H.; Uphus, P.: Personalbedarfsermittlung im System Personalwesen (II). In: Fortschrittliche Betriebsführung, 20(1971)4, S. 159-181. (Forschungsinstitut für Rationalisierung-FIR-Aachen).

Hackstein, R.; Nüssgens, K.-H.; Uphus, P.: Personalwesen als eine primäre Führungsaufgabe. In: Fortschrittliche Betriebsführung, 19(1970)4, S. 88-96. (Forschungsinstitut für Rationalisierung-FIR-Aachen).

Hackstein, R.; Nüssgens, K.-H.; Uphus, P.: Personalwesen in systemorientierter Sicht. In: Fortschrittliche Betriebsführung, 20(1971)1, S. 27-41. (Forschungsinstitut für Rationalisierung-FIR-Aachen).

Hackstein, R.; Nüssgens, K.H.; Uphus,P.H.: Personaleinsatz im System Personalwesen. In: Fortschrittliche Betriebsführung 21(1972)3, S. 141-161. (Forschungsinstitut für Rationalisierung-FIR-Aachen)

Hagner, G. W.: Arbeitsstudien und Stellenbesetzungsplanung-Methoden des rationellen Arbeitskräfteeinsatzes. REFA-Nachrichten 19(1966)3, S. 114-125

Hahn, H. H.: Wassertechnologie, Fällung, Flockung und Separation. Berlin u.a. 1987.

Haller-Wedel, E.: Die Einflußgrößenrechnung in der Theorie und Praxis - Statistische Verfahren für Arbeitsstudien und Fertigung, Prüf- und Meßtechnik. Bd. 3, München 1973.

Hartung, J.; Elpelt, B.; Klösener, K.-H.: Statistik. 3. Aufl., München und Wien 1985.

Hartung, J.; Elpelt, B.: Multivariate Statistik. 2. Aufl., München und Wien 1986.

Havranek, C.: Wie Computer in der Personalpolitik helfen. In: Harvard Manager 10(1988)4, S. 35-40

Hays, W. L.: Statistics for the social sciences.
2. Aufl., London, New York, Sydney und Toronto 1974.

Heberling, G.; Hahn, H.: Untersuchung über die Beziehung zwischen Reinigungsgrad und Bau- und Betriebskosten von Kläranlagen.
In: GWF (1975)5, S. 206 ff.

Heeg, F.; Hurtz, A.: Personalentwicklung und neue Technologien.
In: Personalführung (1989)9, S. 884-891.
(Forschungsinstitut für Rationalisierung-FIR-Aachen).

Heinhold, J.; Gaede, K.-W.: Ingenieur-Statistik.
4. Aufl., München und Wien 1979.

Heinisch, J. Sämann, W.: Planzeiten im Büro. Möglichkeiten des Aufbaus und der Anwendung.
Berlin 1973.

Helms, W.: Neuentwicklungen und Aktivitäten der Deutschen MTM-Vereinigung.
In: Angewandte Arbeitswissenschaft, (1980)85, S. 1-56.

Hemmers, K.: Planung des Personalbedarfs in indirekten Bereichen.
Hrsg.: R. Hackstein, Forschungsinstitut für Rationalisierung-FIR-Aachen.
Diss. RWTH Aachen, Berlin u.a. 1986.

Hendry, C.; Pettigrew, A.: Multiskilling in the round.
In: Personell Management 20(1988)4, S. 36-43.

Hentze, J.: Personalwirtschaftslehre I.
Bern und Stuttgart 1977.

Hentze, J.; Heinicke, A.: EDV im Personalwesen.
In: Personal 41(1989)1, S. 18-21.

Hentze, J.: Personalwirtschaftslehre 1.
Bern und Stuttgart 1977.

Heuwing, F. W.: Grundlagen der Termin- und Kapazitätsplanung in der Konstruktion.
Diss. RWTH Aachen 1974.

Hines, W. W.; Montgomery, D. C.: Probability and Statistics in Engineering and Management Science. 2. Aufl., New York Chichester Brisbane und Toronto 1980.

Hoffmann, J.: Sammlung, Organisation und Nutzung von Daten über Stand der Klärtechnik, Bemessunge und Kosten. In: GWA Bd. 33. Hrsg.: B. Böhnke. Diss. RWTH Aachen 1979.

Höyland, A.: Sannsynlighetsregning og statistisk metodelära, del I sannsynlighetsregning (Wahrscheinlichkeitsrechnung). 3. Aufl., Trondheim 1979.

Höyland, A.: Sannsynlighetsregning og statistisk metodelära, del II statistisk metodelära (Statistische Methoden). 3. Aufl., Trondheim 1983.

Huckert, K.: Mehr Freiraum für Gestaltung. EDV im Personalbereich. In: Personalwirtschaft 16(1988)3, S. 13-19.

Huhndorf, R.; Overbeck, F.; Treutlein, K.: Untersuchung von Möglichkeiten zur Bildung überbetrieblich gültiger Planzeitwerte für die innerbetriebliche Logistik. Forschungsbericht des Forschungsinstitut für Rationalisierung-FIR-Aachen 1987.

Imhoff, K. R.: Taschenbuch der Stadtentwässerung. 26. Aufl., München und Wien 1985.

Janisch, H.: Sicherstellung der Systemverfügbarkeit durch eine elastische Verkettung der Stationen. In: Fabrikanlagen-Kolloquium '79. Hrsg.: H. Kettner, Institut für Fabrikanlagen (IFA), Universität Hannover. Hannover 1979.

Jeltsch, R.: Numerische Mathematik I für Ingenieure Teil A. Hrsg.: R. Jeltsch, Institut für Geometrie und praktische Mathematik RWTH Aachen. 2. Aufl., Aachen 1983.

Jeltsch, R.: Numerische Mathematik I für Ingenieure Teil B. Hrsg.: R. Jeltsch, Institut für Geometrie und praktische Mathematik RWTH Aachen. Aachen 1984.

Kahle, E.: Produktion.
Lehrbuch zur Planung der Produktion und Materialbereitstellung.
München, Wien 1980.

Kamp, A.-W.; Reinhardt, A.: Simulation von Systemen mit Werkzeugmaschinen.
In: Simulation technischer Systeme.
Hrsg.: A. Schöne.
Band 3.
München, Wien 1974.

Kern, W.: Industrielle Produktionswirtschaft.
3. völlig neu überarbeitete Auflage von "Industriebetriebslehre. Grundlage einer Lehre von der Erzeugniswirtschaft"
Stuttgart 1980.

Ketting, M.; Töpfer, H.: Einige Aspekte der Rationalisierung und Automatisierung.
In: Fertigungstechnik und Betrieb, Berlin 38(1988)5, S. 303-305.

Kieser, A.; Kubicek, H.: Organisation.
2. Auflage.
Berlin, New York 1983.

Klein, W.: Informationswesen in der Instandhaltung.
Hrsg.: R. Hackstein, Forschungsinstitut für Rationalisierung-FIR-Aachen.
Diss. RWTH Aachen 1988.

Knoblich, H.: Betriebswirtschaftliche Warentypologie.
Köln, Opladen 1969.

Koch, G. A.: Das Mensch-Maschine-System in der spanabhebenden Fertigung.
Diss. RWTH Aachen.

Köllen, K.: Aufwand der Arbeitsvorbereitung in Abhängigkeit von der Beschaffenheit des Produktionsprogramms in der Gießereiindustrie.
Hrsg.: R. Hackstein, Forschungsinstitut für Rationalisierung-FIR-Aachen.
Diss. RWTH Aachen 1980.

Köllen, K.: Aufwand der Arbeitsvorbereitung in Abhängigkeit von der Beschaffenheit des Produktionsprogramms in der Gießereiindustrie.
Hrsg.: R. Hackstein, Forschungsinstitut für Rationalisierung-FIR-Aachen.
Diss. RWTH Aachen 1980.

Koller, R.: Konstruktionslehre für den Maschinenbau. Grundlagen des moderenen Konstruierens.
Zweite völlig neu bearbeitete und erweiterte Auflage.
Berlin u.a. 1985.

Konrad, K. G.: KAZ - Eine Kennzahlenmethode auf Zeitbasis für die Kapazitätsplanung in indirekten Bereichen.
In: Indirekte Bereiche, Sonderdruck (1987) 7, S. 11-22.
Hrsg.: R. Hackstein, Forschungsinstitut für Rationalisierung - FIR - Aachen

Kosiol, E.: Einführung in die Betriebswirtschaftslehre.
Wiesbaden 1968.

Kossbiel, H.: Möglichkeiten und Grenzen einer langfristigen Personalbereitstellungsplanung mit Hilfe quantitativer Ansätze.
In: Quantitativer Ansätze in der Betriebswirtschaftslehre, S. 361-373.
Hrsg.: H. Müller-Merbach.
München 1978.

Kreyszig, E.: Statistische Methoden und ihre Anwendungen.
7. Aufl. Göttingen 1977.

Kubicek, H.: Empirische Organisationsforschung. Stuttgart 1977.

Kuhlmann, W.: DV-gestützte Ablaufgestaltung und Personalbedarfsrechnung mit MTM Sachbearbeiterdaten bei der Versicherungsgruppe Hannover.
In: Personal 40(1988) MTM-Report '88, S. 26-28.

Kühn, G.: Moderne Produktionssysteme erfordern neue Personalstrategien.
In: Management heute 30(1988)20, S. 21-23.

Laak, H. v.: Die Bedeutung der Instandhaltung.
In: Werkstatt und Betrieb 116(1985)1, S. 33-36.

Lawler, E. E.: Human resource management meeting the new challenges.
In: Personell 65(1988)1, S. 22-27.

Linder, A.; Berchthold, W.: Statistische Methoden II.
Basel 1982.

Londong, D.: Betrieb und Instandhaltung von Kläranlagen.
In: GWA Bd. 4, Gefährdung und Schutz von Grund- und Oberflächewässern Teil II.
Hrsg.: B. Böhnke.
Aachen 1971, S. 109-126.

Management Enzyklopädie: "Lagerhaltung" bis "Publizität".
Vierter Band.
München 1971.

Mag, W.: Hemmnisse und Fortschritte bei der Entwicklung der Personalplanung in der Bundesrepublik Deutschland.
In: Zeitschrift für betriebswirtschaftliche Fertigung 37(1985), S. 3-25.

Magnusson, D.: Testtheorie.
Wien 1969.

Menges, G.; Eysmondt, B. v.: Konsequenzen einer flexiblen Automatisierung für das Personalwesen.
In: Die Arbeitsvorbereitung 26(1989)1, S. 34-36.

Müller-Hagedorn, L.: Grundlagen der Personalbestandsplanung. Opladen, 1970.

Negaard, J.: Die Kosten der biologischen Abwasserreinigung. Eine Analyse der Kosten mechanisch-biologischer Abwasserreinigungsanlagen in der Schweiz, unter Anwendung der multiplen Regressionsrechnung.
Diss. ETH Zürich 1975.

Neipp, G.: Mitarbeiter und neue Technologien als Erfolgsfaktoren.
In: Personalführung (1988)3, S. 138-151.

Niehaus, R. J.: Computerunterstützte Personal-Zuordnungsmodelle: Gegenwärtiger Stand und Entwicklungstendenzen.
In: Personalinformationssysteme.
Hrsg.: G. Reber.
Stuttgart 1975.

Nitzsche, M.: Entwicklung von Entscheidungshilfen zur Gestaltung der NC-Organisation bei Einsatz von CNC-Einzelmaschinensystemen unter besonderer Berücksichtigung der Arbeitsteilung.
Hrsg.: R. Hackstein, Forschungsinstitut für Rationalisierung-FIR-Aachen.
Diss. RWTH Aachen 1987.

Nkomo, S. M.: Strategic planing for human resources let's get started.
In: Long Range planing 21(1988)1, S. 66-72.

Nonaka, I.: Self-renewal of the Japanese firm and the human resource strategy.
In: Human Resource Management 27 (1988)1, S. 45-62.

Oechsler, W.: Personal und Arbeit.
Einführung in die Personalwirtschaft.
München, Wien 1985.

Office Management Produktivität im Büro durch Einsatz neuer Bürotechniken.
In: Office Management 33(1985)1, S. 30-31

Orban, B.; Sent, B.: Rationalisierung des Kläranlagenbetriebes.
Forschungsbericht des Forschungsinstitut für Rationalisierung-FIR-Aachen.
Aachen 1989.

Pahl, G.: Grundlagen der Konstruktionstechnik.
In: Dubbel Taschenbuch für den Maschinenbau.
Hrsg.: W. Beitz und K.-H. Küttner.
14. Auflage.
Berlin u.a. 1981.

Papmehl, A.: Personal-Controlling, Perspektiven und Praxis Teil 1.
In: Personalführung (1988)7, S. 573-578

Pfennig, V.: Bestimmung des Automatisierungsgrades der rechnerunterstützten NC-Programmierung.
Hrsg.: R. Hackstein, Forschungsinstitut für Rationalisierung-FIR-Aachen.
Diss. RWTH Aachen 1988.

Picot, A.; Rischmüller, G.: Planung und Kontrolle der Verwaltungskosten in Unternehmen.
In: ZfB 51(1981), S. 331-346.

Redecker, G.: Technische Gesamtplanung und Einzelprobleme der Fertigung.
In: Fabrikanlagen-Kolloquium '79.
Hrsg.: H. Kettner, Institut für Fabrikanlagen (IFA), Universität Hannover.
Hannover 1979.

REFA MLA Teil 2: Methodenlehre des Arbeitsstudiums.
München 1978.

REFA MLO Teil 1: Methodenlehre der Organisation für Verwaltung und Dienstleistung: Grundlagen.
München 1985.

REFA MLO Teil 3: Methodenlehre der Organisation für Verwaltung und Dienstleistung: Aufbauorganisation.
München 1985.

REFA MLPS Teil 1: Methodenlehre der Planung und Steuerung.
4. Aufl., München 1985.

REFA MLPS Teil 2: Methodenlehre der Planung und Steuerung.
4. Aufl., München 1985.

Reichardt, H.: Statistische Methodenlehre für Wirtschaftwissenschaftler.
Bielefeld 1969.

Reichert, O.: Systematische Planung von Anlagen der Verfahrenstechnik.
München u.a. 1979.

Reimann, B.: Gemeinsam optimieren.
In: Gablers Magazin 1(1988)1, S. 30-33.

Reinecke, P.: Entwicklung und Erprobung eines Analyseinstrumentariums zur Bestimmung wirtschaftlicher Auftragsabwicklungsverfahren in der Warenverteilung.
Hrsg.: R. Hackstein, Forschungsinstitut für Rationalisierung-FIR-Aachen.
Diss. RWTH Aachen 1983.

Reusch, P. J. A.: Anwendungsbeispiele für Expertensysteme in der Personalwirtschaft.
In: Personalführung (1989)12, S. 1140-1144.

Reusch, P. J. A.; Vöpel, I.: Expertensysteme in der Personalwirtschaft.
In: Personalführung (1989)8, S. 782-793.

RKW: Praxis der Personalplanung, Teil 2: Planung des Personalbedarfs. Hrsg.: Rationalisierungskuratorium der deutschen Wirtschaft. Neuwied, Darmstadt 1978.

RKW: Arbeitsbuch Personalplanung Lernprogramm II: Planung des Personalbedarfs. Hrsg.: Rationalisierungskuratorium der deutschen Wirtschaft. Saarbrücken 1976.

Roever, M.: Gemeinkosten-Wertanalyse - Erfolgreiche Antwort auf die Gemeinkosten-Problematik. In: Zeitschrift für Betriebswirtschaft 50(1980)6, S. 630-639.

Rosenkranz, R.: Personalbedarfsrechnung in Bürobetrieben. In: Das rationelle Büro, 19(1968) S.16-22.

Rottmeyer, F.: Quantitative Personalplanung. In: Rationalisierung 22(1971)2, S. 45-48.

Rummel, P. A.; Holland, T. E.: Human factors are crucial components of CIM system success. In: Industrial Engineering 20(1988)4, S. 36-42.

Sachs, L.: Statistische Auswertungsmethoden. 3. Aufl., Berlin u.a. 1972.

Schleypen, P.: Anwendung der Prozeßdatenverarbeitung aus der Sicht der Wasserwirtschaftsverwaltung (am Beispiel kommunaler Kläranlagen in Bayern). ATV-Seminar für die Abwasserpraxis, 18. u. 19.04.1989.

Schnabel, B.: Beitrag zur Quantifizierung organisatorischer Einflußgrößen auf die Durchlaufzeit bei Werkstattfertigung. Hrsg.: R. Hackstein, Forschungsinstitut für Rationalisierung-FIR-Aachen. Diss. RWTH Aachen 1975.

Scholz, Ch.: Computergestütztes Personal-Controlling Notwendigkeit und Möglichkeit. In: Handbuch der modernen Datenverarbeitung. Wiesbaden, Jg. 149, 1989, S. 40-49.

Schreuder, S.; Upmann, R.: Aspekte der Personalplanung bei der Einführung neuer Technologien. Seminarunterlagen zur Fachveranstaltung des überbetrieblichen Ausbildungs-Zentrums Elmshorn UAZ, Elmshorn 5. Sept. 1988. Hrsg.: ABC Arbeits- und Betriebsorganisatorisches Computer Zentrum, FIR und IAW.

Sent, B.: Am Anfang steht die Strategie. Wege zur anlagenorientierten Instandhaltung - Teil 1. In: Produktion (1990)13, S. 14.

Sent, B.: Funktionsanalyse des Stundenaufwandes für Kläranlagen. Unveröffentlichte Untersuchung am Forschungsinstitut für Rationalisierung. September 1990a.

Shah, K.; Reid, G.: Techniques for Estimating Construction Costs of Wastewater Treatment Plants. In: JWPCF 42(1970)5, S. 770 ff.

Simon, A.: Personalbemessung mit MTM. In: Personalbemessung. Hrsg.: Institut für angewandte Arbeitswissenschaft e.V. Köln 1986.

Sparrow, P. R.; Pettigrew, A. M.: Strategic human resource management (HRM) in the UK computer supplier industry. In: Journal of Occupational Psychology 61(1988)1, S. 25-42.

Statistisches Jahrbuch, Hrsg.: Statistische Jahrbuch 1989 für die Bundesrepublik Deutschland. Stuttgart 1989.

Stamm, M.: Gemeinkosten-Wertanalyse. In: Controller Magazin (1984)1, S. 25-30.

Staudt, E.: Unternehmensplanung und Personalentwicklung - Defizite, Widersprüche und Lösungsansätze. In: Mitteilungen aus Arbeitsmarkt und Berufsforschung 22(1989)3, S. 374-387.

Staudt, E.; Groeters, U.; Hafkesbrink, J.; Treichel, H.-R.: Kennzahlen und Kennzahlensysteme. Berlin 1985.

Steger, G.: Termin- und Kapazitätsplanung der Arbeitsplanung.
Hrsg.: R. Hackstein, Forschungsinstitut für Rationalisierung-FIR-Aachen.
Diss. RWTH Aachen 1988.

Stier, E.: Bedarf an Betriebspersonal auf Kläranlagen in Bayern.
In: Korrespondenz Abwasser 29(1982)11, S. 829-830.

Stopp, U.: Fehlzeiten von Mitarbeitern richtig erfassen und vermindern.
In: Technische Rundschau 80(1988)3, S. 54-55.

Strack, M.: Organisatorische Gestaltung einer zentralen Werkstattsteuerung.
Hrsg.: R. Hackstein, Forschungsinstitut für Rationalisierung-FIR-Aachen.
Diss. RWTH Aachen, 1982.

Strutz, H.: Langfristige Personalplanung auf der Grundlage von Investitionsmodellen.
Wiesbaden 1976.

Susman, G. J.: Investitionsrisiko Automation - Erfolgsfaktor Mensch.
In: Kompetenz (1988)3, S. 26-31.

Syska, A.: Aufbau eines PC-unterstützten Instandhaltungs-Controlling.
In: PC-Einsatz in der Instandhaltung.
Hrsg.: R. Hackstein.
Köln 1988.

Thomas, W.: Entwicklung und Erbrobung einer Methode zur Bestimmung der Wirtschaftlichkeit organisatorischer Maßnahmen in der Fertigungssteuerung.
Hrsg.: R. Hackstein, Forschungsinstitut für Rationalisierung-FIR-Aachen.
Diss. RWTH Aachen 1979.

Truckenbrodt, E.: Fluidmechanik.
Band 1: Grundlagen und elementare Strömungsvorgänge dichtebeständiger Fluide.
Berlin u.a. 1980.

Uphus, P.: Möglichkeiten zur Koordination von Teilplanungen des Unternehmens unter besonderer Berücksichtigung kybernetische Aspekte.
Hrsg.: R. Hackstein, Forschungsinstitut für Rationalisierung-FIR-Aachen.
Diss. RWTH Aachen 1972.

Wächter, H.: Die Verwaltung von Markov-Ketten in der Personalplanung.
In: Zeitschrift für Betriebswirtschaft 44(1974) S. 243-254.

Wächter, H.: Praxis der Personalplanung.
Herne, Berlin 1974.

Wagner, H.: Personalbedarfsplanung in Wirtschaft und Verwaltung.
Hrsg.: J. Baetge, H. Wagner.
Stuttgart 1983.

Warnecke, H. J.: Der Produktionsbetrieb.
Eine Industriebetriebslehre für Ingenieure.
Berlin u.a. 1984.

Wenzel, B.: Methoden der Personalbedarfsplanung.
RKW-Schriftenreihe Personalplanung.
Hrsg.: Rationalisierungskuratorium der deutschen Wirtschaft.
Frankfurt 1976.

Weingärtner, J.; Steger, G.: Entwicklung eines Instrumentariums zur Effizienzsteigerung in indirekten Bereichen für Klein- und Mittelbetriebe.
Abschlußbericht zum Forschungsvorhaben 6832 am Forschungsinstitut für Rationalisierung-FIR-Aachen.
Aachen 1988.

Winnes, R.: Beschäftigungsabhängige Persoanlbedarfsplanung.
Königstein/Taunus 1978.

Wöhe, G.: Einführung in die allgemeine Betriebswirtschaftslehre.
16. Aufl., München 1986.

Wonnacott, T. H.; Wonnacott, R. J.: Introductory Statistics for Business and Economics.
2. Aufl., Santa Barbara, New York, London, Sydney und Toronto 1977.

WPCF: Operation of Wastewater Treatment Plants. Manual of Practice No 11, Washington D.C. USA 1976.

Wunderer, R.; Sailer, M.: Personal-Controlling in der Praxis- Entwicklungsstand, Erwartungen und Aufgaben. In: Personalwirtschaft 15(1988)4, S. 177-182.

Zander, E.: Personalprobleme bei Rationalisierung und Automation. Berlin 1967.

FIR + IAW
Forschung für die Praxis

Berichte aus dem Forschungsinstitut für Rationalisierung (FIR), Aachen, und dem Lehrstuhl und Institut für Arbeitswissenschaft (IAW) der Rheinisch-Westfälischen Technischen Hochschule Aachen.

Herausgeber: Univ.-Prof. Dr.-Ing. R. Hackstein

1 **Qualitätszirkel und andere Gruppenaktivitäten**
Von F. J. Heeg. ISBN 3-540-15498-1.
1985, 232 Seiten mit 45 Abbildungen und 17 Tabellen — 68,- DM

2 **Planung und Auslegung von Palettenlagern**
Von P. Bauer. ISBN 3-540-15499-X.
1985, 148 Seiten mit 42 Abbildungen und 8 Tabellen — 68,- DM

3 **Kennzahlen in der Distribution**
Von W. Konen. ISBN 3-540-15624-0.
1985, 150 Seiten mit 9 Abbildungen und 7 Tabellen — 68,- DM

4 **Personalbedarf der Arbeitsplanung**
Von P. Bresser. ISBN 3-540-15625-9.
1985, 179 Seiten mit 65 Abbildungen und 6 Tabellen — 68,- DM

5 **Analyse und Grobprojektierung von Logistik-Informationssystemen**
Von O. Gast. ISBN 3-540-15626-7.
1985, 187 Seiten mit 68 Abbildungen und 20 Tabellen — 68,- DM

6 **Flexibilität in der Fertigung**
Von R. Grob. ISBN 3-540-16159-7.
1986, 158 Seiten mit 25 Abbildungen und 20 Tabellen — 68,- DM

7 **Rechnergestützte Planung von Durchlaufregallagern**
Von E.-J. Ribbert. ISBN 3-540-16160-0.
1986, 154 Seiten mit 30 Abbildungen und 7 Tabellen — 68,- DM

8 **Wirtschaftliche Arbeitsplanung in der Instandhaltung**
Von W. Jütting. ISBN 3-540-16701-3.
1986, 145 Seiten mit 40 Abbildungen — 68,- DM

9 **Planung des Personalbedarfs in indirekten Bereichen**
Von K. Hemmers. ISBN 3-540-16702-1.
1986, 149 Seiten mit 73 Abbildungen — 68,- DM

10 **Organisatorische Gestaltung einer zentralen Werkstattsteuerung**
Von M. Strack. ISBN 3-540-17570-9.
1987, 150 Seiten mit 48 Abbildungen 68,- DM

11 **Planzeiten für Konstruktion und Arbeitsplanung**
Von K.-G. Konrad. ISBN 3-540-18040-0.
1987, 151 Seiten mit 49 Abbildungen 68,- DM

12 **Integrierte Produktionsplanung**
Von E. Gillessen. ISBN 3-540-18614-X.
1988, 149 Seiten mit 45 Abbildungen 68,- DM

13 **Einführung von Informations- und Kommunikationstechnologie**
Von R. Junker. ISBN 3-540-18845-2
1988, 157 Seiten mit 26 Abbildungen und 42 Tabellen 68,- DM

14 **Personal Computer in kleinen Produktionsunternehmen**
Von H. Hoff. ISBN 3-540-19407-X.
1988, 158 Seiten mit 64 Abbildungen 68,- DM

15 **Betriebsdatenerfassung in Konstruktion und Arbeitsplanung**
Von M. Virnich. ISBN 3-540-19408-8.
1988, 194 Seiten mit 50 Abbildungen 68,- DM

16 **Informationswesen in der Instandhaltung**
Von W. Klein. ISBN 3-540-50177-0.
1988, 152 Seiten mit 61 Abbildungen 68,- DM

17 **EDV-gestützte Instandhaltung**
Von J. Weingärtner. ISBN 3-540-50178-9.
1988, 171 Seiten mit 52 Abbildungen 68,- DM

18 **Termin- und Kapazitätsplanung der Arbeitsplanung**
Von G. Steger. ISBN 3-540-50179-7.
1988, 195 Seiten mit 99 Abbildungen 68,- DM

19 **Integration von flexiblen Fertigungszellen in die PPS**
Von H.-U. Förster. ISBN 3-540-50181-9.
1988, 179 Seiten mit 78 Abbildungen 68,- DM

20 **Bestimmung des Automatisierungsgrades der rechnergestützten NC-Programmierung**
Von V. Pfennig. ISBN 3-540-50229-7.
1988, 150 Seiten mit 59 Abbildungen 68,- DM

21 **Auswahl und Beurteilung EDV-gestützter IPS-Systeme**
Von U. Breer. ISBN 3-540-50747-7.
1989, 158 Seiten mit 58 Abbildungen und 23 Tabellen 68,- DM

22 **Sicherheit bei Instandhaltungsarbeiten**
Von P. Hartung. ISBN 3-540-50748-5.
1989, 189 Seiten mit 81 Abbildungen 68,- DM

23 **Die Computersimulation – Instrumentarium zur Gestaltung komplexer Arbeitssysteme**
Von F.-J. Gaksch. ISBN 3-540-51536-4.
1989, 172 Seiten mit 64 Abbildungen und 23 Tabellen 68,- DM

24 **Rechnergestützte Konstruktionsarbeit – Humane und wirtschaftliche Gestaltung von Organisation, Technik und Qualifikation**
Von S. Schreuder. ISBN 3-540-51660-3.
1989, 190 Seiten mit 67 Abbildungen und 16 Tabellen 68,- DM

25 **Rechnergestützte Produktionsplanung und -steuerung – Effizienzorientierte Auswahl anpaßbarer Standardsoftware**
Von E. Miessen. ISBN 3-540-51829-0.
1989, 190 Seiten mit 24 Abbildungen und 7 Tabellen 68,- DM

26 **Materialflußorientierte Termin- und Kapazitätsplanung – Ein Konzept für Serienfertiger**
Von K. Treutlein. ISBN 3-540-51872-X.
1990, 176 Seiten mit 56 Abbildungen und 5 Tabellen 68,- DM

27 **Konzepte der CAD / PPS-Kopplung**
Von M. Braun. ISBN 3-540-52492-4.
1990, 228 Seiten mit 67 Abbildungen 68,- DM

28 **Arbeitsorganisation bei Einsatz einer CAD / NC-Kopplung**
Von Th. Scheller. ISBN 3-540-52750-8.
1990, 133 Seiten mit 51 Abbildungen und 3 Tabellen 68,- DM

29 **Optimale Datenintegration bei rechnerintegrierter Produktion**
Von E. Köhl. ISBN 3-540-52756-7.
1990, 144 Seiten mit 61 Abbildungen 68,- DM

30 **PPS beim Einsatz flexibler Fertigungssysteme – Voraussetzungen und Gestaltungshinweise für eine effiziente Auftragsabwicklung**
Von K. Hirt. ISBN 3-540-52757-5.
1990, 227 Seiten mit 109 Abbildungen 68,- DM

31 **Kennzahlen für die Logistik**
Von A. Syska. ISBN 3-540-53296-X.
1990, 220 Seiten mit 61 Abbildungen 68,- DM

32 **Grundlagen der Investitionsentscheidung über automatische Formanlagen**
Von K.-B. Bentler. ISBN 3-540-53297-8.
1990, 107 Seiten mit 32 Abbildungen und 5 Tabellen 68,- DM

33 **Ganzheitliche Produktionsplanung und –steuerung – Konzepte für Produktionsunternehmen mit kombinierter kundenanonymer und kundenbezogener Auftragsabwicklung**
Von W. Büdenbender. ISBN 3-540-53642-6.
1991, 182 Seiten mit 58 Abbildungen 68,- DM

34 **Produktivitätsbestimmung in indirekten Bereichen**
Von U. Michaelis. ISBN 3-540-53823-2.
1991, 166 Seiten mit 41 Abbildungen und 1 Tabelle 68,- DM

35 **EDV-gestützte Planung und Steuerung der Arbeitsplanung**
Von L.-O. Schnier. ISBN 3-540-53888-7.
1991, 168 Seiten mit 56 Abbildungen 68,- DM

36 **Spracheingabe zur Programmierung von Schweißrobotern**
Von B. Scherff. ISBN 3-540-53953-0.
1991, 164 Seiten mit 54 Abbildungen und 6 Tabellen 68,- DM

37 **DISKOVER – Neuartiges Dispositionsverfahren zur Bestandsreduzierung**
Von R. Huhndorf. ISBN 3-540-54007-5.
1991, 132 Seiten mit 80 Abbildungen 68,- DM

38 **Personalbedarfsplanung – Anlagenorientierte Personalbedarfsplanung für kontinuierliche Fertigungsprozesse**
Von B. Sent. ISBN 3-540-54116-0.
1991, 139 Seiten mit 23 Abbildungen 68,- DM